LUTZ GUSSECK

Die Zumutbarkeit - ein Beurteilungsmaßstab?

Schriften zur Rechtstheorie

Heft 29

Die Zumutbarkeit - ein Beurteilungsmaßstab?

Die Stellung der Zumutbarkeit in gütlichen, schlichtenden und gerichtlichen Verfahren

Von

Dr. Lutz Gusseck

DUNCKER & HUMBLOT / BERLIN

Alle Rechte vorbehalten
© 1972 Duncker & Humblot, Berlin 41
Gedruckt 1972 bei Feese & Schulz, Berlin 41
ISBN 3 428 027 71 5

Vorbemerkung

Den Anlaß für die Untersuchung zur Zumutbarkeit bildet die Rechtsprechung des Bundesverfassungsgerichts, das diesen Grundsatz im Rahmen oder neben den Grundsätzen der Verhältnismäßigkeit und des Übermaßverbotes vor allem bei Art. 12 und Art. 2, daneben aber auch bei Art. 3, Art. 14 GG u. a. sowie bei §§ 90 Abs. 2 Satz 1 und 32 Abs. 1 BVerfGG berücksichtigt. In dieser Rechtsprechung spiegelt sich die Bedeutung wider, die die Zumutbarkeit seit den 20er Jahren in vielen Rechtsbereichen gewonnen hat. Auffallend — und im bisherigen Schrifttum nicht weiter beachtet — ist dabei, daß die Zumutbarkeit häufig in Zusammenhang mit besonderen Formen der Streitbeilegung steht — mit Verfahren, die den Betroffenen eine stärkere Mitwirkung einräumen. Diese Verknüpfung der Zumutbarkeit mit spezifischen Prozeßformen bietet sich an, um an Stelle der bisher immer wieder versuchten begrifflichen Fixierung der Zumutbarkeit eine Kennzeichnung zu wählen, die an den Prozeßlagen und Verfahrensarten anknüpft, in denen die Zumutbarkeit zu finden ist.

Eine solche Themenbearbeitung erfordert eine eingehendere Charakterisierung der verschiedenen Formen einer Streitbeilegung. Es werden daher zusammen mit der Zumutbarkeit die unterschiedlichsten Arten gütlicher, schlichtender und schiedsgerichtlicher Verfahren sowie die einzelnen Stadien gerichtlicher Streiterledigung — angefangen bei der Aufarbeitung eines Streites zum Fall (S. 26 ff.) und seiner weiteren Behandlung als Rechtsfall (S. 29 ff.) — dargestellt und Wechselwirkungen zwischen der jeweiligen Form der Streitbeilegung und der darin erfolgenden inhaltlichen Neubestimmung der Personenbeziehungen — so z. B. hinsichtlich der Beziehung zwischen Vertrag und Beurteilung unter dem Gesichtspunkt der „Schlüssigkeit" (S. 19 ff., 49 ff.) — aufgezeigt, um von hier aus abschließend die Handhabung der Zumutbarkeit als Verfassungsgrundsatz seitens des Bundesverfassungsgerichts zu kennzeichnen.

Die gewählte Form der Bearbeitung schließt es aus, alle Aspekte des Themas — sowohl hinsichtlich der Zumutbarkeit als auch der ganzen Palette möglicher Formen der Streitbeilegung — zu behandeln. So wird, um nur ein wichtiges Gebiet zu nennen, die Zumutbarkeit im Strafrecht an dieser Stelle nicht erörtert, obwohl sich auch hier entsprechende Zusammenhänge zwischen der Zumutbarkeit und bestimmten Weisen der Streiterörterung zeigen ließen.

Die Arbeit wurde von Herrn Professor *Herbert Krüger* angeregt und betreut. Ihm schulde ich Dank für seine Unterstützung meines wissenschaftlichen Werdeganges seit meiner Studienzeit. Ihm sage ich insbesondere auch Dank für seine stete Ermunterung, nicht allein gängigen Fragestellungen der Rechtswissenschaft nachzugehen.

Lutz Gusseck

Inhaltsverzeichnis

I. **Einleitende Mutmaßungen zur Zumutbarkeit** 9
   1. Die Zumutbarkeit in der Rechtsprechung 9
   2. Philologische Erwägungen zur Zumutbarkeit 14
      a) Die Zumutbarkeit als Abstraktum 14
      b) Persönliche Momente der Zumutbarkeit 15
      c) Intentionsloses Gemüt 16

II. **Die Zumutbarkeit im Prozeß der Urteilsfindung** 18
   1. Die „Schlüssigkeit" des Urteils 19
      a) Wortbedeutung und Bezeichnung 19
      b) Die Schlußlage des Urteils 20
      c) Subsumtion 22
   2. Der Prozeß der Auseinandersetzung 24
      a) Rechtende Erörterung 24
      b) Außergerichtliche Schritte im Prozeß der Auseinandersetzung 26
      c) Behandlung als Rechtsfall 29
         aa) Ausrichtung der Parteien 29
         bb) Disziplinierung des Richters 31
   3. Urteilende Gestimmtheit 36

III. **Die Zumutbarkeit in „Schlußlagen" am Beispiel des Vertragsrechts** .. 39
   1. Rechtfertigung der Vertragsbindung 40
   2. Verschiedene Hinsichten der Rechtsbestimmung (i. d. Kantschen Rechtslehre) 43
   3. Die „Schlußlage" des Vertrages 49
      a) Die Reduktion von Personenbeziehungen auf Vertragsbeziehungen 49
      b) Die Lage der Willenserklärung und der Vertragsschluß 50
   4. Der Kauf als Prototyp des Vertrages 52
   5. Die Zumutbarkeit außerhalb „schlüssiger" Vertragslagen 55

IV. **Die Zumutbarkeit in Rechtsbereichen mit besonderen Verfahren der Streitbeilegung** 60
   1. Arbeitsrecht 60

2. Sozialrecht 67
3. Aufwertungsrechtsprechung und Vertragshilfe 70
4. Mietrecht 74
5. Zusammenfassende Kennzeichnung 77
   a) Unvollkommene Auseinandersetzung der Parteien 77
   b) Mitwirkung der Parteien als Korrektiv fehlender urteilender Streitbeilegung 80

V. Beurteilungsfreie Streitbeilegung 83

1. Das Verfahren vor dem Schiedsmann 83
   a) Äußere Verfahrensgestaltung 84
   b) Auflösung der gegensätzlichen Standpunkte 86
2. Oblivion als Ziel gütlicher Friedensstiftung 87
3. Persönliche Begegnung als Hintergrund gütlicher Streitbeilegung 89
4. Unbeständigkeit gütlicher Friedensstiftung 91

VI. Abschließende Erörterung zum Ort der Zumutbarkeit 93

1. Verbindlichkeit gütlicher Friedensstiftung 93
2. Urteil und Repräsentation 94
3. Verfahren der Streitbeilegung 98
4. Zur Zumutung „unzumutbarer" Gesetze 100

Literaturverzeichnis 106

I. Einleitende Mutmaßungen zur Zumutbarkeit

Die vorliegende Arbeit stellt die „Zumutbarkeit" als Maßstab zur Beurteilung von Streitfällen in Frage. Doch handelt es sich hierbei überhaupt um eine echte Frage? Denn wie sollte dieses „begrifflich schwer dingfest zu machende Etwas"[1] zur Grundlage für die Beurteilung von Streitfällen gemacht werden können? Wie sollte dieses häßliche Wort noch darüber hinaus ein Maßstab sein, obwohl nicht ersichtlich ist, was der „Zumutbarkeit" ein Maß geben könnte?

1. Die Zumutbarkeit in der Rechtsprechung

Dem Juristen steht es jedoch nicht an, in dieser Weise die „Zumutbarkeit" in Frage zu stellen, sie gar als Zumutung zurückzuweisen. War er es doch, der durch seinen mutigen — wenn auch nicht immer ermutigenden — Gebrauch nahezu alle Rechtsgebiete auf den Nenner der Zumutbarkeit gebracht hat. So prüft heute das *Bundesverfassungsgericht* den Grundsatz der Zumutbarkeit bzw. Unzumutbarkeit im Rahmen oder[2] neben dem Grundsatz der Verhältnismäßigkeit und des Übermaßverbotes und bestimmt damit auch diesen Grundsatz im Sinne einer „übergreifenden Leitregel allen staatlichen Handelns"[3], die sich aus einer „Gesamtsicht der Artikel 1, 2, 12, 14, 15, 19 und 20 GG"[4] ergibt

---

[1] *Sonnemann:* Das Land der unbegrenzten Zumutbarkeiten, S. 15.

[2] Das Verhältnis der Zumutbarkeit zum Grundsatz der Verhältnismäßigkeit kommt nicht immer klar zum Ausdruck. Vgl. u. a. folgende Entscheidungen des *BVerfG:* vom 11. 6. 1958 (Apothekenurteil), Bd. 7, S. 377 ff. (378 Ls. 6 a, 406); vom 16. 6. 1959 - 1 BvR 71/57 - Bd. 9, S. 338 ff. (346, 347); vom 14. 7. 1959 - 1 BvL 28/57 - Bd. 10, S. 55 ff. (59); vom 22. 6. 1960 - 2 BvR 125/60 - Bd. 11, S. 234 ff. (239); vom 17. 7. 1961 - 1 BvL 44/55 - Bd. 13, S. 97 ff. (98 Ls. 4, S. 113, 117); vom 29. 11. 1961, S. 230 ff. (235); vom 21. 2. 1962 - 1 BvR 198/57 - Bd. 14, S. 19 ff. (22); vom 19. 12. 1962 - 1 BvR 541/57 - Bd. 15, S. 235 ff. (243); vom 22. 5. 1963 - 1 BvR 78/56 - Bd. 16, S. 147 ff. (162, 172/173, 175, 177, 181, 183, 187); vom 13. 2. 1964 - 1 BvL 17/61 u. a. - Bd. 17, S. 232 ff. (242, 244, 245); vom 14. 2. 1967 - 1 BvL 17/63 - Bd. 21, S. 150 (155, 158); vom 15. 2. 1967 - 1 BvR 569, 589/62 - Bd. 21, S. 173 ff. (182, 183); vom 15. 3. 1967 - 1 BvR 575/62 - Bd. 21, S. 227 ff. (232); vom 3. 5. 1967 - 2 BvR 134/65 - Bd. 22, S. 1 ff. (20, 21); vom 23. 1. 1968 - 1 BvR 709/66 - Bd. 23, S. 50 ff. (60); vom 19. 6. 1969 - 1 BvR 353/67 - Bd. 26, S. 215 ff. (228); vom 14. 11. 1969 - 1 BvR 253/68 - Bd. 27, S. 211 ff. (219).

[3] u. a. *BVerfG* vom 5. 3. 1968, in: BVerfGE Bd. 23, S. 127 ff. (133, vgl. auch S. 134, 135).

[4] *BVerfG* vom 20. 7. 1954 - 1 BvR 459/52 u. a. - BVerfGE Bd. 4, S. 7 ff. (16).

und einen Eingriff in die „Substanz der Persönlichkeit", das Überschreiten einer „zumutbaren Opfergrenze"[5] ausschließt, so daß nur Gesetze verfassungsmäßig sind, die dem in Anspruch genommenen Bürger nichts Unzumutbares abverlangen.

Als „unzumutbar" gelten dabei — abgesehen von Eingriffen in den vom *Bundesverfassungsgericht* wiederholt postulierten „letzten unantastbaren Bereich menschlicher Freiheit, der der Einwirkung der gesamten öffentlichen Gewalt entzogen ist"[6] — auch „empfindliche Eingriffe in eine weiten Kreisen zur Selbstverständlichkeit gewordene Lebensform"[7]. Entscheidend für die Zumutbarkeit oder Unzumutbarkeit einer Maßnahme ist häufig der Grad der persönlichen Anhörung oder Teilhabe des Betroffenen. Der einzelne soll nicht zum Objekt[8] einer staatlichen Maßnahme werden, sondern bei Entscheidungen, die seine Rechte betreffen, die Möglichkeit zur Einflußnahme haben. Das hat das Bundesverfassungsgericht — immer wieder auch unter Rückgriff auf den Gesichtspunkt der Zumutbarkeit — bei der Rechtsprechung zu Art. 103 GG[9] und zur Chancengleichheit vor Gericht[10], daneben aber auch bei der Auslegung des § 90 Abs. 2 Satz 1 BVerfGG[11] hervorgehoben. Die Sicherung einer persönlichen Mitwirkung des Betroffenen ist aber auch bei der Bewertung anderer Maßnahmen unter dem Gesichtspunkt der Zumutbarkeit bedeutsam. Beispielsweise hält das *Bundesverfassungsgericht* die Heranziehung des erwerbstätigen Ehegatten, der selbst keiner Kirche angehört, zur Kirchensteuer deshalb für unzumutbar,

---

[5] *BVerfG* vom 5. 3. 1968 - 1 BvR 579/67 - BVerfGE Bd. 23, S. 127 ff. (134).

[6] Vgl. u. a. *BVerfG* vom 5. 3. 1968 - 1 BvR 579/67 - BVerfGE Bd. 23, S. 127 ff. (134); vom 16. 1. 1957 - 1 BvR 253/56 - Bd. 6, S. 32 ff. (41); vom 17. 1. 1957 - 1 BvL 4/54 - Bd. 6, S. 55 ff. (81); vom 12. 11. 1958 - 2 BvL 4/56 u. a. - Bd. 8, S. 274 ff. (329); vom 14. 7. 1959 - 1 BvL 28/57 - Bd. 10, S. 55 ff. (59); vom 5. 5. 1964 - 1 BvL 8/62 - Bd. 17, S. 371 ff. (377, 380).

[7] *BVerfG* vom 22. 5. 1963 - BVerfGE Bd. 16, S. 147 ff. (174); vgl. auch *BVerfG* vom 7. 4. 1964 - 1 BvL 12/63 - Bd. 17, S. 306 ff. (314, 315, 317).

[8] *BVerfG* vom 8. 1. 1959 - 1 BvR 396/55 - Bd. 9, S. 89 ff. (95).

[9] *BVerfG* vom 18. 6. 1957 - 1 BvR 41/57 - Bd. 7, S. 53 ff. (57); vom 13. 2. 1958 - 1 BvR 56/57 - Bd. 7, S. 275 ff. (279).

[10] *BVerfG* vom 22. 1. 1959 - 1 BvR 154/55 - Bd. 9, S. 124 ff. (136); vom 12. 1. 1960 - 1 BvL 17/59 - Bd. 10, S. 264 ff. (296); vom 27. 6. 1963 - 2 BvR 687/62 - Bd. 16, S. 231 ff. (235); vom 6. 6. 1967 - 1 BvR 282/65 - Bd. 22, S. 83 ff. (90); vom 17. 10. 1967 - 1 BvR 760/64 - Bd. 22, S. 287 ff. (292); vom 28. 11. 1967 - 1 BvR 515/63 - Bd. 22, S. 349 ff. (355, 356).

[11] *BVerfG* vom 3. 12. 1958 - 1 BvR 488/57 - Bd. 9, S. 3 ff. (7/8); vom 10. 2. 1960 - 1 BvR 526/53 - Bd. 10, S. 302 ff. (309); vom 26. 3. 1963 - 1 BvR 451/62 - Bd. 16, S. 1 (2); vom 6. 5. 1964 - 1 BvR 320/57 u. a. - Bd. 18, S. 1 ff. (16); vom 11. 10. 1966 - 2 BvR 489, 490/65 - Bd. 20, S. 271 ff. (275); vom 1. 2. 1967 - 1 BvR 630/64 - Bd. 21, S. 132 ff. (136, 137); vom 14. 2. 1967 - 1 BvR 25/64 u. a. - Bd. 21, S. 160 ff. (167); vom 17. 10. 1967 - 1 BvR 760/64 - Bd. 22, S. 287 ff. (292); vom 28. 11. 1967 - 1 BvR 515/63 - Bd. 22, S. 349 ff. (349, 355, 356); vgl. auch *BVerfG* vom 19. 12. 1961 - 2 BvL 6/59 - Bd. 13, S. 261 ff. (288/289).

1. Die Zumutbarkeit in der Rechtsprechung

weil der Betroffene „keine rechtliche Möglichkeit hat, dieser Steuerpflicht zu entgehen", vielmehr umgekehrt zu unmittelbaren Beziehungen — wenn auch nur finanzieller Art — zu einer Glaubensgemeinschaft gezwungen wird[12].

Der Gesichtspunkt einer persönlichen Mitwirkung und Teilhabe klingt auch noch in Entscheidungen an, bei denen die Hinnahme von Nachteilen dann als zumutbar bewertet wird, wenn vom Betroffenen eine besondere Solidarität z. B. mit dem durch die Maßnahme begünstigten Personenkreis erwartet werden kann. Vor allem im Sozialversicherungsrecht hält das *Bundesverfassungsgericht* Benachteiligungen von Versicherten aus dem Gesichtspunkt der Solidarität, des sozialen Ausgleichs oder der Gefahrengemeinschaft für gerechtfertigt[13]. Die nach dem Investitionshilfegesetz von einem Teil der Wirtschaft aufzubringenden Mittel rechtfertigte das Gericht[14] — wiederum auch unter Rückgriff auf den Grundsatz der Zumutbarkeit[15] — mit der besonderen „Verbundenheit der begünstigten Industrie und der übrigen gewerblichen Wirtschaft"[16].

Die gesetzlich vorgesehene Errichtung von Innungskrankenkassen unter Mitwirkung der Gesellenausschüsse und damit unter Ausschluß der übrigen versicherten Arbeitnehmer bewertete das *Bundesverfassungsgericht* als zumutbar, weil — zumindest derzeit — keine grundsätzlichen Interessengegensätze zwischen Gesellen und Nichtgesellen beständen, so daß der Gesellenausschuß durch die Vertretung seiner Interessen zugleich auch die der übrigen Arbeitnehmer verwirklicht[17]. Für zumutbar wird sodann aber auch — wie z. B. im Falle des „Großen Erftverbandes"[18] — der Zusammenschluß von Vertretern verschiedener Interessen in einem Verband zum Zwecke des Ausgleichs der Interessengegensätze gehalten[19].

Noch verflüchtigter ist die Begründung der Zumutbarkeit eines Eingriffs oder einer Schlechterstellung aus dem Gedanken der Solidarität

---

[12] *BVerfG* vom 14. 12. 1965 - 1 BvL 31, 32/62 - Bd. 19, S. 226 ff. (Zitat 237, zum weiteren S. 238, 240).
[13] Vgl. u. a. *BVerfG* vom 21. 6. 1960 - 1 BvL 10, 25/58 - Bd. 11, S. 221 ff. (228, 231); vgl. auch *BVerfG* vom 27. 10. 1959 - 2 BvL 5/56 - Bd. 10, S. 141 ff. (172, 173, 175).
[14] *BVerfG* vom 20. 7. 1954 - 1 BvR 459 u. a./52 - Bd. 4, S. 7 ff.
[15] *BVerfG*, aaO. (Anm. 14), S. 16, 23.
[16] *BVerfG*, aaO. (Anm. 14), S. 20.
[17] *BVerfG* vom 11. 10. 1960 - 1 BvL 2, 35/59 - Bd. 11, S. 310 ff. (324, 325).
[18] *BVerfG* vom 29. 7. 1959 - 1 BvR 394/58 - Bd. 10, S. 89 ff.; dazu eingehender: *Bernhard Schneider*, Die raumplanerische Bedeutung des Großen Erftverbandes.
[19] *BVerfG*, aaO. (Anm. 18), S. 105, 114.

innerhalb einer besonderen Gemeinschaft, wenn das *Bundesverfassungsgericht* die Aufbringung der Mittel für das Kindergeld über Familienausgleichskassen mit der „Solidarität der Gesamtwirtschaft" rechtfertigt[20] oder in zahlreichen Entscheidungen belastende Maßnahmen dann für zumutbar hält, wenn ihnen Vorteile des Betroffenen selbst[21] oder aber des Gemeinwohls[22] gegenüberstehen.

Diese einleitende Kennzeichnung der Zumutbarkeit an Hand der Rechtsprechung des *Bundesverfassungsgerichts* bleibt jedoch einseitig, solange lediglich der Eindruck erweckt wird, der Grundsatz der Zumutbarkeit werde — wenn auch nicht einheitlich bestimmt — zumindest aus einem einheitlichen Gesichtspunkt verstanden: der persönlichen Mitwirkung oder einer — durch Interesseneinklang gewährleisteten — Teilhabe des Betroffenen an den ihn belastenden Maßnahmen. Abgesehen davon, daß einzelne der schon genannten Entscheidungen sich nicht ohne weiteres in die nur flüchtige Übersicht einfügen ließen und auch der genannte Gesichtspunkt nicht gleichbleibend war, sind eine Reihe von Entscheidungen, in denen das *Bundesverfassungsgericht* die Zumutbarkeit in irgendeiner Form — als „zumuten", „zumutbar" oder gar als „Grundsatz der Zumutbarkeit" — erwähnt, bisher nicht berücksichtigt worden. Das gilt insbesondere für die Entscheidungen zur Dauer der Untersuchungshaft[23], zu Eingriffen in die körperliche Unversehrtheit[24] und dem Erlaß einer einstweiligen Anordnung gemäß § 32 Abs. 1 BVerfGG[25], daneben aber u. a.[26] auch noch für einzelne

---

[20] *BVerfG* vom 10. 5. 1960 - 1 BvR 190 u. a./58 - Bd. 11, S. 105 ff. (121).

[21] *BVerfG* vom 13. 2. 1964 - 1 BvL 17/61 u. a. - Bd. 17, S. 232 ff. (244, 245); vom 27. 1. 1965 - 1 BvR 213 u. a./60 - Bd. 18, S. 315 ff. (327, 344); vom 14. 2. 1967 - 1 BvL 17/63 - Bd. 21, S. 150 ff. (155, 158 f.); vom 15. 2. 1967 - 1 BvR 569, 589/62 - Bd. 21, S. 173 ff. (182 ff.).

[22] *BVerfG* vom 22. 5. 1963 - 1 BvR 78/56 - Bd. 16, S. 147 ff. (177, 181, 183); vgl. auch *BVerfG* vom 24. 7. 1963 - 1 BvL 101/58 - Bd. 17, S. 38 ff. (56).

[23] *BVerfG* vom 3. 5. 1966 - 1 BvR 58/66 - Bd. 20, S. 45 ff. (50); vom 27. 7. 1966 - 1 BvR 296/66 - Bd. 20, S. 144 ff. (148); vom 15. 2. 1967 - 1 BvR 653/66 - Bd. 21, S. 184 ff. (187).

[24] Vgl. u. a. *BVerfG* vom 25. 7. 1963 - 1 BvR 542/62 - Bd. 17, S. 108 (114, 115, 119); vom 14. 11. 1969 - 1 BvR 253/68 - Bd. 27, S. 211 ff. (219).

[25] *BVerfG* vom 27. 11. 1951 - 1 BvF 2/51 - Bd. 1, S. 85 ff. (87); vom 10. 6. 1958 - 2 BvQ 2/58 - Bd. 7, S. 374 ff. (377); vom 30. 11. 1960 - 2 BvQ 4 u. a./60 - Bd. 12, S. 36 ff. (41); vom 15. 10. 1963 - 2 BvR 353/63 - Bd. 17, S. 145 ff. (146); vom 17. 11. 1966 - 1 BvR 52/66 - Bd. 20, S. 363 ff. (365).

[26] Weitere Entscheidungen, in denen der Gesichtspunkt der Zumutbarkeit in irgendeiner Form erwähnt wird, sind u. a.: *BVerfG* vom 26. 3. 1957 - 2 BvG 1/55 - Bd. 6, S. 309 ff. (339); vom 4. 2. 1959 - 1 BvR 197/53 - Bd. 9, S. 167 ff. (170); vom 12. 1. 1960 - 1 BvL 17/59 - Bd. 10, S. 264 ff. (269); vom 7. 12. 1960 - 1 BvL 29/57 u. a. - Bd. 12, S. 151 ff. (172); vom 29. 11. 1961 - 1 BvR 760/57 - Bd. 13, S. 237 ff. (241, 242); vom 7. 8. 1962 - 1 BvL 16/60 - Bd. 14, S. 263 ff. (285); vom 9. 1. 1963 - 1 BvR 85/62 - Bd. 15, S. 249 ff. (254); vom 4. 10. 1965 - 1 BvR 498/62 - Bd. 19, S. 129 ff. (134/135); vom 15. 2. 1967 - 2 BvC 2/66 - Bd. 21, S. 200 ff. (204);

1. Die Zumutbarkeit in der Rechtsprechung

bisher nicht genannte Entscheidungen zu Art. 12 GG[27]. Zudem übernimmt das *Bundesverfassungsgericht* den Grundsatz der Zumutbarkeit häufig aus der Rechtsprechung der übrigen Gerichte — z. B. zum Miet-[28], Arbeits- und Sozialrecht[29] sowie zur öffentlich-rechtlichen Entschädigung (Art. 14 GG)[30] —, ohne daß das dabei leitende Verständnis der Zumutbarkeit hier berücksichtigt worden ist.

Einer solchen ins einzelne gehenden Darstellung bedarf es hier aber auch nicht. Die Vielfältigkeit der Gesichtspunkte, die von der Rechtsprechung im Rahmen des Grundsatzes der Zumutbarkeit Bedeutung gewinnen, hat *Wilhelm Weber* auf mehr als 200 Seiten im Rahmen seiner Kommentierung des § 242 BGB dargestellt[31], ohne daß sich seine gleichzeitig ausgesprochene Erwartung, auch dieser Gesichtspunkt werde festere Konturen gewinnen[32], bisher bestätigt hat[33]. Nun soll hier nicht geleugnet werden, daß eine begriffliche Fixierung grundsätzlich auch bei diesem Wort möglich ist. Fraglich ist nur, ob der Zumutbarkeit

---

vom 13. 12. 1967 - 1 BvR 679/64 - Bd. 23, S. 1 ff. (10); vom 19. 3. 1968 - 1 BvR 554/65 - Bd. 23, S. 229 ff. (238); vom 16. 3. 1971 - 1 BvR 52 u. a./66 - Bd. 30, S. 292 ff. (316, 323).

[27] *BVerfG* vom 19. 12. 1962 - 1 BvR 163/56 - Bd. 15, S. 226 ff. (233); vom 11. 6. 1963 - 1 BvR 156/63 - Bd. 16, S. 214 ff. (219); vom 23. 7. 1963 - 1 BvL 1, 4/61 - Bd. 16, S. 286 ff. (297); vom 16. 2. 1965 - 1 BvL 15/62 - Bd. 18, S. 353 ff. (362); vom 25. 7. 1967 - 1 BvR 585/62 - Bd. 22, S. 275 ff. (276, 277); vom 29. 11. 1967 - 1 BvR 175/66 - Bd. 22, S. 380 ff. (385); vom 23. 1. 1968 - 1 BvR 709/66 - Bd. 23, S. 50 ff. (60); vom 16. 9. 1969 - 1 BvR 353/67 - Bd. 26, S. 215 ff. (226, 228); vom 14. 10. 1969 - 1 BvR 30/66 - Bd. 27, S. 88 ff. (100, 101); vom 26. 5. 1970 - 1 BvR 83 u. a./69 - Bd. 28, S. 243 (264: i. V. m. Art. 4 Abs. 3 GG).

[28] Vgl. u. a. *BVerfG* vom 1. 7. 1964 - 1 BvR 375/62 - Bd. 18, S. 121 ff. (125).

[29] Vgl. u. a. *BVerfG* vom 17. 12. 1953 - 1 BvR 323/51 - Bd. 3, S. 162 ff. (Ls. 2, S. 176, 177, 178); vom 26. 2. 1954 - 1 BvR 371/52 - Bd. 3, S. 288 (341); vom 22. 6. 1960 - 2 BvR 125/60 - Bd. 11, S. 234 ff. (239); vom 26. 6. 1961 - 1 BvL 17/60 - Bd. 13, S. 21 ff. (28); vom 13. 12. 1961 - 1 BvR 1137/59 u. a. - Bd. 13, S. 248 ff. (260); vom 24. 7. 1963 - 1 BvL 30/57 u. a. - Bd. 17, S. 1 ff. (21); vom 24. 7. 1963 - 1 BvL 101/58 - Bd. 17, S. 38 ff. (56/57); vom 7. 6. 1967 - 1 BvR 76/62 - Bd. 22, S. 93 ff. (99); vom 14. 10. 1970 - 1 BvR 307/68 - Bd. 29, S. 221 ff. (S. 242 i. V. mit Art. 2 GG).

[30] *BVerfG* vom 29. 7. 1959 - 1 BvR 394/58 - Bd. 10, S. 89 ff. (114); vom 17. 1. 1967 - 2 BvL 28/63 - Bd. 21, S. 117 ff. (131).

[31] In *Staudinger*, BGB, Bd. 2, Teil 1 b, 11. Aufl., § 242, S. 411—636.

[32] *Wilhelm Weber*, aaO. (Anm. 31), u. a. B 135, 136 (S. 468); einschränkend ders.: Zumutbarkeit und Nichtzumutbarkeit als rechtliche Maßstäbe, in: JJb. Bd. 3, 1962/63, S. 212 ff. (233).

[33] Aus dem weiteren Schrifttum zur Zumutbarkeit sei hier nur auf die neueren Aufsätze im SchlHA 1969, Teil A, Nr. 10, S. 167 ff. hingewiesen: *Noftz*: Die Zumutbarkeit im Verwaltungsrecht, aaO., S. 167 ff.; *Schlegel*: Das Problem der Zumutbarkeit im Sozialrecht, aaO., S. 168 ff.; *Pusch*: Der Grundsatz der Zumutbarkeit im Abgabenrecht, aaO., S. 171 ff.; *Buche*: Der Grundsatz der Zumutbarkeit im Arbeitsrecht, aaO., S. 172 ff.; *Bluhm*: Das Begriffspaar der Zumutbarkeit und Unzumutbarkeit in der Zivil- und Strafgerichtsbarkeit, aaO., S. 174 ff.; vgl. auch *Steinberg*, Das Problem der Zumutbarkeit im Steuerrecht, in: BB 1968 S. 433.

überhaupt die Funktion zukommt, einen begrifflich gesicherten Maßstab zu bezeichnen. Vom Worte her bringt dieser Grundsatz dazu jedenfalls nicht die günstigsten Voraussetzungen mit:

2. Philologische Erwägungen zur Zumutbarkeit

a) Die Zumutbarkeit als Abstraktum

Nur als „Zumutbarkeit" vermittelt das Wort den Anschein, einen selbständigen, für sich bestimmbaren Maßstab zu enthalten. Dabei kommt dem Wort der Umstand zugute, daß jedes Abstraktum als Zusammenfassung eines Wesentlichen, Dauerhaften, Feststehenden erscheint[34]. Das gilt insbesondere für die mit dem Suffix „-keit" oder „-heit" gebildeten Substantive[35]. Diese Endsilbe bezeichnet Allgemeines, Verbindliches, nicht aber etwas Einzelnes[36].

Dieser Anschein wird zudem noch durch das mit „-keit" substantivierte Adjektiv „zumutbar" verstärkt. Wie viele mit „-bar" adjektivierte Verben[37] enthält „zumutbar" ein Urteil darüber, daß ein Gegenstand für die im Verb genannte Tätigkeit brauchbar oder verwendbar ist. Die Feststellung: „Das Ansinnen ist zumutbar", besagt — wie z. B. die Ausage: „Das Argument ist verwendbar" —, daß das jeweilige Substantiv („Ansinnen", „Argument") für die genannte Tätigkeit (zumuten", „verwenden") zugänglich ist[38].

Abstrakta erfassen aber nicht schon deshalb etwas Substantielles, weil sie sich grammatisch als Substantive präsentieren. Die sprachliche Form entspricht häufig nicht ihrer wirklichen Bedeutung. Abstrakta vergegenständlichen ganze Satzinhalte[39]. Die „Zumutbarkeit" faßt zunächst nur zusammen, was in konkreten Situationen jeweils von den Beteiligten als „zumutbar" empfunden wird. Einen gesicherten, von den

---

[34] *Porzig:* Die Leistung der Abstrakta in der Sprache, in: Bl. f. dt. Philosophie, Bd. 4, 1930/31, S. 66 ff. (66).

[35] Dagegen hält z. B. die Endsilbe „-ung" häufig noch das Geschehen selbst fest (Einigung, Billigung, Zumutung); vgl. *Brinkmann:* Die deutsche Sprache, S. 32 ff.

[36] *Brinkmann:* Die deutsche Sprache, S. 36 ff. (37).

[37] Nahezu alle Adjektive auf „-bar" sind von Verben abgeleitet, vgl. dazu näher *Flury:* Struktur- und Bedeutungsgeschichte des Adjektiv-Suffixes -bar.

[38] *Weisgerber* spricht von „Zugänglichkeitsurteilen" (vgl. Vierstufige Wortbildungslehre, in: Muttersprache, Jg. 1964, S. 33 ff. [35]); dazu auch *Hotzenköcherle:* Gegenwartsprobleme im deutschen Adjektivsystem, in: Neuphilologische Mitteilungen, Heft 1, Bd. 69, 1968, S. 1 ff. (12).

[39] *Porzig,* aaO. (Anm. 34), S. 72.

konkreten Verhältnissen unabhängigen Maßstab könnte die „Zumutbarkeit" nur bezeichnen, wenn ein „Zumutbares" als solches bestimmbar wäre[40].

b) Persönliche Momente der Zumutbarkeit

Das „Zumutbare" scheint entsprechend dem mit „-bar" verbundenen Zugänglichkeitsurteil[41] einen solchen fixierbaren Maßstab zu bezeichnen. Doch im tatsächlichen Gebrauch zeigt sich, daß eine Aussage darüber nicht ohne weiteres aus den konkreten Personenbeziehungen gelöst werden kann. Schon bei der Feststellung: „Das Ansinnen ist zumutbar", wird noch eine Angabe darüber erwartet, *wem* etwas zugemutet werden soll. Durch diesen mit dem Verb „zumuten" stets verbundenen Dativ unterscheidet sich das Wort von anderen mit „-bar" adjektivierten Verben:

Die für „-bar"-Adjektivierungen typischen Verben, die transitiven Verben[42], haben im Aktiv nur zwei notwendige Valenzen: Subjekt und Akkusativobjekt („Er gebraucht das Argument"). Das im Verb genannte Geschehen ist eindeutig auf das Akkusativ-Objekt gerichtet[43]. Bei „zumuten" ist diese eindeutige Zuordnung eingeschränkt: Als unechtreflexives Verb[44] benötigt es neben Subjekt und Akkusativ-Objekt zusätzlich eine Dativbestimmung, die auch bei der Umformung ins Passiv noch erhalten bleibt („Das Ansinnen wird *ihm* zugemutet") und erst bei „zumutbar" gelegentlich durch einen Akkusativ ersetzt oder ganz fortgelassen wird („Das Ansinnen ist — für ihn — zumutbar").

Diese notwendige Dativbestimmung ist nicht gleichzusetzen mit derjenigen, um die auch ein transitives Verb ergänzt werden kann[45]. Eine solche ergänzende Bestimmung erweitert die Aussage nur um allbekannte Angaben hinsichtlich der Zeit, des Ortes, des Mittels etc. Der notwendige Dativ kennzeichnet dagegen eine intensive persönliche Begegnung und Zuwendung. Man vergleiche nur die Aussage: „Er bringt Geschenke *zu ihm*", mit dem persönlichen Dativ in: „Er bringt

---

[40] Vgl. zu dieser Bedeutung der einfachen Substantivierung eines Adjektivs zum Neutrum *Brinkmann:* Die deutsche Sprache, S. 37.

[41] Vgl. dazu oben Anm. 38.

[42] Vgl. dazu im einzelnen *Flury,* aaO. (Anm. 37), S. 110; *Weisgerber,* aaO. (Anm. 38), S. 35; *Hotzenköcherle,* aaO. (Anm. 38), S. 12; ders.: Entwicklungsgeschichtliche Tendenzen des Neuhochdeutschen, in: Wirkendes Wort, 12. Jg., 1962, S. 321 ff. (325).

[43] Dazu im einzelnen *Grosse:* Zum inhaltsbezogenen Geltungsbereich von Akkusativ und Dativ, in: Neuphilologische Mitteilungen, Bd. 63, 1962, S. 231 ff. (232).

[44] Die Terminologie ist hier nicht einheitlich, vgl. dazu *Duden:* Grammatik, Rn. 625 (S. 70); *Jung:* Grammatik der deutschen Sprache, Rn. 433 (S. 198).

[45] z. B.: „Das Argument wird bei der Begründung von ... verwendet."

ihm Geschenke." Im letzteren Fall wird die Person genannt, um deretwillen das Handeln geschieht[46]. Ein „zumuten", das die im Dativ genannte Person verfehlt, ist sinnlos.

Die mit dem Verb „zumuten" stets verbundene Dativbestimmung erfordert zugleich eine stärkere Orientierung an der konkreten Situation: Ein „zumuten" wird nur adäquat gefaßt, wenn ein unmittelbarer Eindruck von der Person des Betroffenen und seinem Leistungsvermögen besteht. Diese — auch unter rechtlicher Hinsicht wiederholt für die Zumutbarkeit hervorgehobene — Situationsbezogenheit[47] klingt im Zumutbarkeitsurteil jedenfalls solange an, wie der persönliche Dativ erhalten bleibt („Das Ansinnen ist *ihm* zumutbar"). Im Unterschied zu der hier auch möglichen Feststellung: „Das Ansinnen ist *für ihn* zumutbar", ist die erste Aussage ohne die Kenntnis der Einschätzung der Lage durch den Betroffenen und damit ohne diese Teilhabe an der abschließenden Bewertung nicht möglich[47a]. Dasselbe zeigt sich z. B. bei den Aussagen: „Der Koffer ist *ihm* zu schwer", „das Kleid ist *ihr* zu lang", im Unterschied zu: „Der Koffer ist *für ihn* zu schwer", „das Kleid ist *für sie* zu lang". Im ersten Fall hat der Betroffene vor der abschließenden Feststellung den Koffer selbst getragen, das Kleid selbst anprobiert. Die Aussage erfolgt also erst nach Kenntnis dieser tatsächlichen Erfahrung und insofern unter seiner direkten Mitwirkung, während im zweiten Fall unabhängig von dieser Erfahrung über seinen Kopf hinweg geurteilt werden kann[48].

c) *Intentionsloses Gemüt*

Auf den Betroffenen wird aber auch dann noch verwiesen, wenn — wie bei der Feststellung: „Das Ansinnen ist (für ihn) zumutbar" — der persönliche Dativ nicht mehr erscheint. Das Praefix „zu-" in „zumutbar" verweist weiterhin auf seinen „Muth" im älteren Sinne des Wortes, wie er z. B. noch in „einmütig", „Mißmut" oder „vermutlich" enthalten ist. „Muth" (vgl. engl. „*mood*") in diesem Sinne ist der Inbegriff aller erdenklichen Stimmungen[49], das „Gemüt" im umfassenden Sinne als

---

[46] Dazu im einzelnen *Brinkmann:* Der Umkreis des persönlichen Lebens im Dativ, in: Muttersprache, 10. Jg., 1953, S. 104 ff.

[47] Vgl. u. a. *Henkel:* Zumutbarkeit und Unzumutbarkeit als regulatives Rechtsprinzip, in: Festschrift *Mezger*, S. 249 ff. (305).

[47a] *Brinkmann,* aaO. (Anm. 46), S. 107.

[48] *Brinkmann,* aaO. (Anm. 46), S. 107.

[49] Ähnlich umfassend auch „*courage*" im älteren Französisch; vgl. *Strasser:* Das Gemüt, S. 124 Anm. 4. Das Wort „Mut", das nunmehr auf eine bestimmte „Mutart" beschränkt ist, bedeutet aber auch heute in einzelnen Redewendungen mehr als nur Tapferkeit: vgl. z. B. „sein Mütchen kühlen" (Rache) oder: „guten Mutes sein" (Zuversicht).

2. Philologische Erwägungen zur Zumutbarkeit

Kollektivum[50], dessen Bedeutung erst jetzt auf den privaten Bereich („gemütlich") beschränkt ist[51]. Er bezeichnet thymisches, nicht psychisches Erleben[52], das jedem rationalen, intentionalen Verhalten vorgelagert ist und sich dementsprechend nicht einfach in das Koordinatensystem einer geordneten Welt eingliedern läßt. Geordnete Welt ist vielmehr umgekehrt Ausdruck einer bestimmten Gestimmtheit[53].

Dieses Erleben läßt sich z. B. nicht einfach als „subjektiv" kennzeichnen. So schlägt etwa die Stimmung eines Raumes, das Klima einer Verhandlung auf das Gemüt der Beteiligten. Sie können sich dem nicht ohne weiteres entziehen. Unterscheidungen wie „Subjekt" und „Objekt" (i. S. eines irreflexiven Gegenstandes) als Ausdruck einer intentionalen Einstellung[54] zerfließen. Als Stimmung ist das Gemüt Ich- und Weltgefühl zugleich[55], als spezifische „Gestimmtheit" bildet es z. B. die Grundlage für rationales Verhalten[56] oder für die Verfaßtheit von Gemeinschaften[57].

---

[50] *Friedmann:* Das Gemüt, S. 5; vgl. auch: Deutsches Wörterbuch, hrsg. v. *Jakob* und *Wilhelm Grimm*, Bd. IV, 1, Sp. 3293 ff.
[51] *Friedmann*, aaO. (Anm. 50); *Strasser*, aaO. (Anm. 49), S. 126 ff.
[52] *Friedmann*, aaO. (Anm. 50).
[53] Vgl. auch unten I 3., bei Anm. 101 ff.; VI 3., bei Anm. 41 ff.
[54] Vgl. *Theunissen:* Der Andere, S. 286 ff., 301 ff.
[55] Dazu näher S. *Strasser*, aaO. (Anm. 49), S. 115 ff., 122.
[56] *Strasser*, aaO. (Anm. 49), S. 121.
[57] Vgl. *Herbert Krüger:* Über die Unterscheidung der Staatstypen nach ihrer Gestimmtheit, in: Festschrift für Hermann Jahrreiss, S. 233 ff.

II. Die Zumutbarkeit im Prozeß der Urteilsfindung

Ein gerichtliches Verfahren kann diesen verschiedenen Momenten der Zumutbarkeit nur teilweise gerecht werden. Das gilt jedenfalls, wenn man diese Form der Friedensstiftung als streng urteilendes Verfahren im Sinne einer Subsumtion bestimmt. Für eine Subsumtion wäre die „Zumutbarkeit" nur brauchbar, wenn es sich bei diesem Wort um einen Begriff handelte, der einen durch Merkmale bestimmten Tatbestand „bezeichnet". Auf eine derartige Zeichennatur für einen unabhängig von der konkreten Situation vorgestellten Tatbestand lassen sich aber nicht alle oben aufgeführten Momente der Zumutbarkeit reduzieren. Persönliche Anteilnahme am augenblicklichen Zumutesein des Inanspruchgenommenen oder gar eine Teilhabe des Betroffenen bei der Einschätzung seiner Lage, wie sie im „ihm zumutbar" anklingen [vgl. oben I 1. b), bei Anm. 47], können nicht abstrakt in Form eines Tatbestandes bestimmt werden[1], hängen vielmehr von der persönlichen Begegnung mit dem Betroffenen ab. Für ein subsumierendes Verfahren müßte die Zumutbarkeit von diesen persönlichen Anmutungen befreit und auf die Vorstellung eines „Zumutbaren als solchen" gebracht werden.

Allerdings wird zunehmend in Zweifel gezogen, ob richterliche Tätigkeit überhaupt angemessen mit „Subsumtion" und „Syllogismus" gekennzeichnet werden kann, weil — um nur einen Grund zu nennen — nicht alle rechtlich relevanten Gesichtspunkte lückenlos und widerspruchsfrei in einem System zusammengefaßt werden können und gerade das umwegige Verfahren der Ermittlung des Obersatzes für den zu entscheidenden Fall — ein Teil der richterlichen Tätigkeit also — unberücksichtigt bleibt. Diese Kritik am herkömmlichen Verständnis richterlicher Tätigkeit hat für die Erörterung der Zumutbarkeit Bedeutung. Wird mit „Subsumtion" und „Syllogismus" lediglich ein Schritt im Beurteilungsverfahren oder nur eine Seite richterlicher Tätigkeit erfaßt, so können einzelne Momente der Zumutbarkeit, soweit sie in einem Subsumtionsverfahren keine Berücksichtigung finden, im Vor-

---

[1] Zur mangelhaften Trennung von Tatbestand und Rechtsfolge bei Billigkeitserwägungen u. a. *Osterrieth:* Prozeßtaktik und Prozeßbeschleunigung, in: AcP 152 (1952/53), S. 537 ff. (541); *Brüggemann:* Judex statutor und judex investigator, S. 50. Zum Meinungsstand vgl. u. a. *Kriele:* Theorie der Rechtsgewinnung, S. 47 ff.

stadium des Beurteilungsverfahrens oder in anderen Bereichen richterlicher Tätigkeit Bedeutung haben.

Es seien daher zunächst die besondere Lage, in der eine Subsumtion oder ein Syllogismus möglich ist, herausgearbeitet (1.) und die Vorstadien insoweit behandelt (2.), wie dadurch die schrittweise Reduktion des persönlichen Zumuteseins auf eine allgemeine Gestimmtheit, das „Gemüt in Ruhe"[2], im Beurteilungsverfahren deutlich wird (3.).

1. Die „Schlüssigkeit" des Urteils

Die spezifische Lage der Subsumtion zeigt sich zunächst schon in der hierbei vorausgesetzten einseitigen Fixierung dessen, was Worte zu leisten vermögen, auf bestimmte Bedeutungsgehalte. Das Wort wird als „Begriff" genommen, der nur noch einen Gegenstand „bezeichnet". Das zu beurteilende Geschehen wird an Hand von „Merkmalen" als ein solcher Gegenstand ausgewiesen und dem Begriff zugeordnet.

a) Wortbedeutung und Bezeichnung

Demgegenüber ist aber — wie vor allem *Hans Lipps* gezeigt hat[3] — das, was im Wort verlautet, wie man z. B. durch das Wort allererst auf eine Sache gebracht werden kann, wesentlich vielgestaltiger: Nur ausnahmsweise fungiert das Wort als „Zeichen" für etwas. Z. B. dienen Termini zur Bezeichnung fixierter Tatbestände[4]. Dem Wort kommt dabei lediglich eine Funktion zu: auf etwas zu verweisen, was in seiner Bedeutung unabhängig vom Wort bekannt sein muß[5]. Dem Dritten wird durch das Wort nur angezeigt, was er an sich schon kennt und nur noch anläßlich der Anzeige zu aktualisieren braucht.

Dagegen kann z. B. das „die Situation klärende Wort" nicht auf einen von der Situation unabhängigen Bedeutungsgehalt reduziert werden. Auch bei der „allmählichen Verfertigung der Gedanken beim Reden"[6] wird durch das Wort nicht lediglich etwas bezeichnet, was auch ohne Gespräch vorhanden wäre. Ein unbestimmter Eindruck, unter dem man steht, wird zu einer Vermutung verdichtet, schrittweise zu

---

[2] Vgl. *I. Kant:* Metaphysik der Sitten, XVII Einleitung zur Tugendlehre, Ak. Ausg., Bd. VI, S. 409 (*Vorländer* S. 253); vgl. auch XVI Einleitung zur Tugendlehre, Ak. Ausg., S. 408 (*Vorländer* S. 252).
[3] Vgl. insbes.: Hermeneutische Logik, Frankfurt 1954.
[4] *Lipps:* Hermeneutische Logik, S. 83.
[5] *Lipps,* aaO. (Anm. 4); *Ed. Husserl:* Logische Untersuchungen, 2. Bd. I, S. 23 ff.; *Heidegger:* Sein und Zeit, S. 76 ff.
[6] *H. v. Kleist:* Über die allmähliche Verfertigung der Gedanken beim Reden, in: Sämtl. Werke, Bd. 2, S. 319 ff.

einem Gedanken verstärkt, als Mutmaßung geäußert oder in einer Bemerkung zugespitzt[7]. Gerade im Gespräch, in dem Worte nur fallen, hat das Wort nicht immer einen sachlichen Gehalt. Es sind häufig flüchtige Hinweise, die der andere aufnimmt, weiterführt, zurückgibt usw. „Im Unterschied zu der Bedeutung eines Zeichens, die *ex definitione* sachlich zu entfalten ist, ... ist das Wort σημαντικός, sofern es den Vollzug dessen ‚erweckt', was es *insofern* ‚bedeutet'[8]." Vorgegebene Umstände, Gesprächsston, Diktion vereindeutigen das Wort, modellieren es, geben ihm Spitzen. In Wort und Antwort stellt sich das Verständnis ein, ohne daß dadurch ein vom Gespräch losgelöster Bedeutungsgehalt getroffen wird. Ein solches Wort „wörtlich" nehmen, bedeutet ein Mißverstehen, zumindest ihm eine unverhältnismäßige Bedeutung beimessen, am Worte hängen bleiben, weshalb sich zumeist erst nachträglich — unabhängig von der Situation — herausstellt, was einer wörtlich gesagt hat[9]. Das Wort wird zur protokollierten Aussage mißdeutet.

Nur in ausgefallenen Lagen, z. B. bei der schriftlichen oder mündlichen Wiedergabe, wird das Wort auf einen sachlichen, eindeutigen Bedeutungsgehalt reduziert. In solchen Lagen weiß der Schreibende schon „innerlich", was er äußern will, so daß er es nur noch anzuzeigen braucht. Eine solche Lage ist z. B. bei der Protokollierung einer Zeugenaussage gegeben. Das gilt zum Teil schon für die Situation vor der Protokollierung: Für den Richter ist das „Unbekannte" bereits vor der Zeugenaussage genau bestimmt, häufig sogar auf eine Alternative zugespitzt[10]. Doch muß er zunächst noch den Zeugen in die Rolle eines bloßen Betrachters bringen, für den das Geschehen keine weiterreichenden Folgen hat. Bei der im weiteren erfolgenden Protokollierung redigiert er die Aussage des Zeugen noch stärker in diese Richtung. Alleiniger Maßstab für das „richtige" Wort sind in dieser Lage treffende Darstellung und präzise Bezeichnung. Das Wort soll nur noch mit einer von ihm unabhängig vorgestellten Tatsache übereinstimmen[11].

b) *Die Schlußlage des Urteils*

Ein in diesem Sinne geklärter, nur noch wiederzugebender Bestand fehlt zunächst bei strittigen Angelegenheiten. Das gilt insbesondere für

---

[7] *Lipps:* Hermeneutische Logik, S. 9.
[8] *Lipps:* Verbindlichkeit der Sprache, S. 107 ff. (108 f.).
[9] *Lipps:* Hermeneutische Logik, S. 71.
[10] Vgl. zu entsprechenden Lagen auch *Lipps:* Die Verbindlichkeit der Sprache, S. 27.
[11] Zu der Einschränkung der Aussage auf eine bloße Übereinstimmung u. a. *Lipps:* Untersuchungen zur Phänomenologie der Erkenntnis, 2. Teil, S. 31 ff.; *Heidegger:* Sein und Zeit, S. 224, 158.

1. Die „Schlüssigkeit" des Urteils

Streitigkeiten, die das persönliche Zumutesein der Beteiligten berühren. In solchen persönlichen Auseinandersetzungen haben Worte häufig alles andere als einen begrifflich fixierten, von der Situation unabhängigen Bedeutungsgehalt. Auch im gerichtlichen Verfahren ist der Streit nicht immer so weit abgeklärt, daß durch das Wort lediglich eine abgeschlossene Lage wiedergegeben zu werden brauchte. Diese abschließende Klärung erfährt der Streit in der Regel erst im Prozeß. Endgültig abgeschlossen ist die Angelegenheit, wenn der Richter sich zu einer Entscheidung durchgerungen hat, so daß er das Urteil nur noch zu erteilen[12] und schlüssig zu begründen braucht.

Dieses „schlüssig" zeigt an, in welcher Lage das Wort hier ergeht. Der Richter muß bereits zu einem „Schluß" gefunden, die Situation in ihrer Bedeutung abschließend erschlossen haben. Der umwegige Prozeß der Orientierung, der Suche nach Anhaltspunkten[13] und Gewinnung eines angemessenen Standpunkts ist beendet. Das Ergebnis liegt vor, bedarf nur noch einer präzisen Darlegung. Denn im Unterschied zu einer „bloßen Feststellung"[14], die nicht begründet zu werden braucht, oder der Äußerung einer persönlichen Ansicht, die gesprächsweise gemacht und nur so weit dargelegt wird, bis der Gesprächspartner ihr entspricht, erhebt das Urteil den Anspruch, die Sache von der maßgeblichen Seite zu sehen. Dementsprechend ist die Urteilsbegründung nicht mehr dialogisch, also auf Entsprechung durch einen Gesprächspartner angelegt, sondern monologisch — ein Selbstgespräch zwar, aber ein solches, das mit jedermann als kritischem Zuhörer rechnet. Der eingenommene Standpunkt wird als ein solcher ausgewiesen, den im Idealfall jedermann zu jederzeit einnehmen würde. Er muß sich in Formen begründen lassen, die allgemeine Anerkennung finden können.

Stil und Darstellungsweise sind von diesem Ziel dar- und auseinanderlegender Begründung eines bereits gewonnenen Ergebnisses geprägt: Man rechtfertigt den eingenommenen Standpunkt, begründet seine Tragfähigkeit, ist bemüht, ihn gegen mögliche Einwendungen abzusichern. So sind z. B. das immer wieder als für den Urteilsstil charak-

---

[12] „Urteil" ist etymologisch dasjenige, was „erteilt" wird; vgl. *Grimm:* Deutsches Wörterbuch, Bd. 11, 3. Abt., Sp. 2569 ff. („Urteil"). Daraus wird deutlich, wie schon sprachlich das „Urteil" an die im folgenden genannte Schlußlage gebunden ist, der Prozeß der Findung dessen, was schließlich „erteilt" wird, darin nicht mehr berücksichtigt wird.

[13] Diese Suche nach „Anhalt" bestimmt die unter juristischer Betrachtung ausgegrenzte Wirklichkeit: Als „wirklich" gilt dem Juristen, woran er sich halten kann. Vgl. *Lipps:* Beispiel, Exempel, Fall und das Verhältnis des Rechtsfalls zum Gesetz, in: Verbindlichkeit der Sprache, S. 39 ff. (55, 56).

[14] *Lipps:* Das Urteil, in: Verbindlichkeit der Sprache, S. 9 ff. (21); ders.: Beispiel, Exempel, Fall und das Verhältnis des Rechtsfalls zum Gesetz, in: Verbindlichkeit der Sprache, S. 39 ff. (63. Anm. 31).

teristisch herausgestellte „obgleich" oder „denn"[15] sprachlich keine „Konjunktionen", sondern Worte rechenschaftslegender Auseinandersetzung[16]. Im „denn" wird vom Dritten erwartet, daß er sich auf eine nachträgliche Begründung einstellt. Im „obgleich" sucht man, möglichen Einwendungen vorzuentsprechen.

Die im Urteil genannten Gründe besagen nichts über den Weg, auf dem der Urteiler zu diesem Ergebnis gekommen ist: Argumente sind häufig nachgetragene und stützende Gründe, die man angesichts des gewonnenen Ergebnisses heranzieht. Im Beweis rechnet man sich und Dritten vor, wie die einzelnen Umstände sachlich miteinander zusammenhängen. Er wird angetreten, um sich zu verteidigen oder vor einem Schwankendwerden zu sichern[17]. Prämissen werden zur Darstellung des Schlusses vorausgeschickt. In ihnen wird ausgebreitet, was als anerkannt oder zugestanden keiner weiteren Erörterung bedarf, so daß die Rechtfertigung dabei ihr Bewenden haben kann[18]. Eine solche Rechenschaftslegung läßt auch erst nach Begriffen suchen, die man mit dem, was man schon hat, verbinden kann[19].

c) Subsumtion

Im Rahmen der rechenschaftsgebenden Darlegung eines bereits gefundenen Ergebnisses ist die in Form des Syllogismus dargestellte Subsumtion eine besonders formalisierte, allgemein anerkannte, bündige Schlußform. Die Begründung des eingenommenen Standpunkts mit Hinweisen auf vergleichbare Lagen, Beispiele oder Präjudizien reicht hier nicht aus. Das Urteil muß auf Prämissen zurückgeführt werden, die im Idealfall[20] in einem alle rechtlich relevanten Fälle erfassenden einheitlichen Definitions- und Begründungszusammenhang stehen. Im „vollkommenen Syllogismus"[21] wird die im Schlußsatz getroffene Aussage als eine solche ausgewiesen, die allen Gegenständen derselben Art zukommt. Das zu beurteilende Geschehen erscheint nur noch als ein beliebiger, neben anderen Gegenständen gleich gültiger Fall. Vorausgesetzt ist dabei, daß der Schlußsatz und die Begriffe, aus denen

---

[15] So *Sattelmacher*: Bericht, Gutachten und Urteil, S. 201; *Brauer-Schneider*: Der Privatrechtsfall in Prüfung und Praxis, S. 5.

[16] Vgl. *Lipps*: Hermeneutische Logik, S. 89, vgl. auch S. 49.

[17] *Lipps*: Hermeneutische Logik, S. 47, 48.

[18] *Lipps*, aaO. (Anm. 17), S. 34, 40, 41.

[19] *Lipps*, aaO. (Anm. 17), S. 74.

[20] Zum im zweifachen Sinne weniger „perfekten", offenen System der Jurisprudenz *Canaris*: Systemdenken, S. 40 ff.

[21] *Aristoteles*, Analytica priora A 1 (24 b 22—23). Zu den verschiedenen Bedeutungen von „Syllogismus" *Braun*: Zur Einheit der aristotelischen „Topik", S. 58—62; *Wieland*: Aristoteles als Rhetoriker und die esoterischen Schriften, in: Hermes, Bd. 86 (1958), S. 323 ff. (334).

1. Die „Schlüssigkeit" des Urteils

er gefolgert wird, bereits gefunden sind. Der „vollkommene Syllogismus" vermag nichts mehr zu bestimmen[22], sondern nur noch die folgerichtige Herleitung des Schlußsatzes aus bereits festgestellten Obersätzen zu demonstrieren[23].

Wenn dagegen bei der einseitigen Kennzeichnung der richterlichen Tätigkeit als Subsumtion die Gebundenheit dieser Schlußform an eine bestimmte Lage, den abschließenden Schritt im Beurteilungsverfahren, nicht weiter beachtet wird, so ist auch das noch ein Ausdruck dieser Schlußlage: Schlüsse verändern und klären die Situation[24]. Angesichts des gewonnenen Ergebnisses gerät das umwegige Verfahren der Beurteilung in Vergessenheit[25]. Das gilt um so mehr, je schlüssiger dieser Schluß erscheint, je mehr er sich als ein solcher ausweisen läßt, zu dem jedermann in dieser Lage kommen würde, so daß man sich am Ende fragt, warum man nicht sogleich zu diesem Ergebnis gekommen ist, seine Lage nicht von vornherein so gesehen hat.

Angesichts des Schlusses kehrt sich die Betrachtungsweise um. Das nunmehr zum Sachverhalt reduzierte Geschehen erscheint als konstituiert[26], so daß es nur noch bezeichnet zu werden braucht. Im Syllogismus zeigt sich diese Änderung der Blickrichtung in der umgekehrten Darstellung der zeitlichen Gedankenabfolge[27] — ein Phänomen, das z. B. auch im ärztlichen Gespräch beobachtet werden kann[28] und das auch im Verhältnis des Gutachtens zu den Entscheidungsgründen gilt[29]: Das zur Beurteilung stehende Problem, das die Überlegungen ausgelöst hat, steht im Schlußsatz. Mittel- und Obersatz, die erst im Verlauf der Auseinandersetzung mit der Situation ermittelt worden sind, werden vorangestellt.

---

[22] *Aristoteles:* Analytica poster. B 4—8 (91 a 12 ff., insbes. 91 b 12 ff., 92 b 35—38, 93 b 16—20), Analytica prior. A 31 (46 a 31—38, 46 b 26—36). Die scheinbar dem nicht entsprechende Äußerung in Topica H 3 (153 a 13—15) zur Beweisbarkeit der Definition widerspricht dem nicht, da hier noch vom Syllogismus im weiteren Sinne gesprochen wird, vgl. *Braun:* Die Einheit der aristotelischen „Topik", S. 100, 101; *Gohlke:* Aristoteles' Topik, Anm. 139 (S. 348, 349).

[23] *Aristoteles* beschränkt die Bedeutung des „vollkommenen Syllogismus" ausdrücklich darauf, den Schlußsatz als notwendige Folge des Obersatzes auszuweisen: Analytica pr. A 1 (24 b 22—26).

[24] *Lipps:* Hermeneutische Logik, S. 14, 39.

[25] *Lipps,* aaO. (Anm. 24), S. 39.

[26] *Lipps,* aaO. (Anm. 24), S. 45.

[27] *Braun:* Die Einheit der aristotelischen „Topik", S. 23, 57.

[28] *Zwirner:* Das Gespräch, in: studium generale, 4. Jg. 1951, S. 213 ff. (220 und Anm. 3).

[29] *Sattelmacher,* aaO. (Anm. 15), S. 200 ff.; *Brauer-Schneider,* aaO. (Anm. 15), S. 6.

2. Der Prozeß der Auseinandersetzung

Die Bestimmung des Urteils als einen Schritt, den abschließenden Schritt, im Prozeß der Beurteilung einer strittigen Angelegenheit besagt nicht, juristischen Begriffen käme ausschließlich im Stadium der Urteilsbegründung, nicht schon im Gang der Urteilsfindung eine Bedeutung zu. In diesem Vorstadium reduziert sich ihre Aufgabe nur nicht darauf, einen bereits konstituierten Bestand in anerkannten Formen darzustellen. Gerade weil die zur Beurteilung stehende Angelegenheit umstritten ist, haben die Begriffe erst ihre Leistungsfähigkeit für die zur Entscheidung gestellte Angelegenheit zu erweisen. Der Fall stellt ihre Allgemeingültigkeit auf die Probe. Sie sind, sofern in diesem Stadium ihre Tragfähigkeit in Frage steht, hypothetisch[30]. Sie eröffnen Wege, auf denen das Problem in den Griff zu bekommen ist. In dieser Lage sind Worte keine Begriffe, sondern zunächst nur Vorgriffe[31], um die Angelegenheit zur Sprache zu bringen, schrittweise auf bestimmte Probleme zuzuspitzen und schließlich zu einem Abschluß zu bringen.

Diesem Vorstadium fehlt die Eindeutigkeit der Lage des Urteils. Dementsprechend vielfältig sind auch die Konzeptionen der damit befaßten Abhandlungen[32]. Immerhin zeigt sich trotz der Vielgestaltigkeit im Prozeß der Aufarbeitung der strittigen Angelegenheit zu einem subsumtionsfähigen Sachverhalt eine schrittweise Reduktion des Zumuteseins der Beteiligten auf eine urteilende Gestimmtheit und damit gleichzeitig ein Ausschluß momentaner Launen und Wünsche aus der abschließende Beurteilung:

a) Rechtende Erörterung

Im einzelnen sind die Stadien der Fallbehandlung vor der abschließenden Beurteilung in der Rhetorik — insbesondere der Topik und im Rahmen der einzelnen *status* — behandelt worden[33]. Die Rhetorik hat — wie *Stroux*[34] ausführt — auf die Frage, „wie ... aus dem, was die zu vertretende Partei dem Redner vorträgt, der rednerische

---

[30] *Lipps:* Hermeneutische Logik, S. 54; ders.: Verbindlichkeit der Sprache, S. 48, 49, 51; *Kriele:* Theorie der Rechtsgewinnung, S. 163, 198.

[31] *Lipps:* Wortbedeutung und Begriff, in: Verbindlichkeit der Sprache, S. 26 ff. (29).

[32] Dazu *Kriele:* Theorie der Rechtsgewinnung, S. 152, 153, 114 ff. und — soweit sich diese Mannigfaltigkeit im Wortverständnis von „topos" niederschlägt *Veit:* Toposforschung, Dt. Viertel-Jahresschrift f. Literaturw., Bd. 37 (1963), S. 120 ff.

[33] Vgl. zur „Konstituierung des Rechtsfalls" auch die gleichnamige Erörterung von *Hruschka.*

[34] *Stroux:* Summum ius summa iniuria, in: Römische Rechtswissenschaft und Rhetorik, S. 9 ff. (23).

2. Der Prozeß der Auseinandersetzung

Fall" wird, wie „dem Rohstoff die erste, noch umrißartige, aber für die ganze Ausführung entscheidende Form gegeben (wird), wie aus dem am Geschehen haftenden Vortrag des Klienten die Rechtsfrage ermittelt und von ihr aus die ganze Einstellung, die die Vertretung vor dem Richter haben muß, gefunden (wird), ... mit einem bis ins Einzelne durchgeführten System geantwortet".

Die in der aristotelischen Topik vorausgesetzte Gesprächslage ist die eines philosophischen Übungsgesprächs[35]. Das bedeutet jedoch nicht, die Topik sei in den Bereich einer unverbindlichen Unterhaltung, in der lediglich ganz persönliche Überzeugungen hervorgebracht werden, zu verweisen[36]. Die Regeln, nach denen ein solches Disputieren erfolgt, schaffen überhaupt erst den Rahmen, innerhalb dessen eine um die Sache bemühte Erörterung möglich wird. Das Disputieren ist kein beliebiges Gezänk, sondern ein diszipliniertes, vor einer aufmerksamen Zuhörerschaft geführtes Streiten. Die hier vorgetragenen Thesen müssen vertretbar sein. Für ganz persönliche oder unsachliche Bemerkungen bleibt wenig Raum. Jeder Verstoß gegen die Regeln sachlicher Problemerörterung kann von der Zuhörerschaft als Eingeständnis der Schwäche oder Haltlosigkeit des vertretenen Standpunktes gewertet werden.

Eine solche Streiterörterung hat Parallelen zum gerichtlichen Verfahren. Auch hier ist das Streiten kein bloßes Gezänk, sondern ein dem Disputieren verwandtes Rechten. Beiden gemeinsam ist die Möglichkeit der Beteiligten, Abstand vom Streit gewinnen zu können. Dieser Abstand wird beim Übungsgespräch schon durch die freie Wahl des Themas gesichert, während dem Rechten häufig ein — im wörtlichen Sinne — „notwendiges" Anliegen der Parteien zugrunde liegt, d. h. ein Geschehen, das für beide Teile eine Not-Wendung erfordert[37], so daß der Streit erst vom Zumutesein der Beteiligten abgerückt und für ein gerichtliches Verfahren zu einem Rechten aufgearbeitet werden muß, damit es in dieser Form zum Abschluß gebracht, d. h. gerechtet werden kann, wobei die Bewertung dieses Abschlusses als ein „gerechter" Abschluß ein weiteres Hinausgehen über die konkrete Situation, einen Vergleich mit anderen gerechteten Lagen voraussetzt.

In der Rhetorik, soweit sie die Gerichtsrede behandelt, klingt die erforderliche Aufarbeitung der vielfältigen Streitsituationen zu einer rechtenden Lage noch an: Im Unterschied zum *genus demonstrativum*

---

[35] *Kriele:* Theorie der Rechtsgewinnung, S. 136 ff.
[36] So aber *Diederichsen:* Topisches und systematisches Denken in der Jurisprudenz, in: NJW 1966, S. 697 ff. (702).
[37] *Zwirner:* Das Gespräch, in: studium generale, 4. Jg. 1951, S. 213 ff. (218 ff.).

muß das Thema ein *dubium* betreffen, das zu einem ernsthaften Konfliktstoff verdichtet ist[38]. Im Unterschied zur politischen Rede, die einen auf die Zukunft ausgerichteten Konfliktstoff betrifft, muß der Streitstoff zudem auf einen beendeten Vorgang ausgegrenzt werden[39]. Daß bei der Darstellung als Sachverhalt eine spezifische Ausgrenzung und Aufarbeitung erforderlich wird, zeigt sich z. B. bei der Politisierung eines Gerichtsverfahrens durch den Angeklagten: Sie gelingt in dem Maße, wie der Angeklagte die Behandlung der strittigen Angelegenheit als ein vereinzeltes und vergangenes Geschehen, als Unterfall einer längst befriedigend entschiedenen Streitlage verhindert und statt dessen z. B. seinen Fall als Ausdruck einer Lage, die eine politische Veränderung erfordert, darstellt.

Im Durchgang durch die einzelnen *status* erfährt der Streit zugleich eine immer schärfere Zuspitzung auf einzelne Streitpunkte bei gleichzeitiger Aufarbeitung des Konfliktstoffs unter mehr und mehr erweiterter Bezugnahme auf anerkannte Vorstellungen. So wird der Streit im *status coniecturae* unter Zugrundelegung der Vorstellungen der Parteien durch Entgegensetzung auf den strittigen Tatbestand ausgegrenzt[40]. Im *status qualitatis* werden die Streitpunkte unter Bezugnahme auf vergleichbare Lagen auf das jeweils Gleiche reduziert[41] und dieses im *status finitionis* unter Rückgriff auf übliche Vorstellungen[42] zu einem ersten Abschluß gebracht.

b) Außergerichtliche Schritte im Prozeß der Auseinandersetzung

Für die Beteiligten ist die Angelegenheit aber zunächst noch kein Fall, d. h. ein Geschehen, das so oder ähnlich für jedermann zu jederzeit vorkommen kann. Es ist ihre persönliche Auseinandersetzung, die sich aus ihrer Sicht einem Vergleich mit anderen Situationen entzieht, sich demgemäß auch nicht allgemein darstellen oder förmlich erfassen läßt. Das gilt zumindest für die im Rahmen der Zumutbarkeit bedeutsamen persönlichen, das Zumutesein der Betroffenen unmittelbar berührenden Streitigkeiten.

Ein solcher Streit wird nicht angemessen durch prozeßrechtliche Begriffe wie Kläger und Beklagter, Anspruch und Einrede, Streitgegenstand u. a. wiedergegeben. In einer persönlichen Auseinandersetzung ist keine Partei Kläger oder Beklagter. Hier klagt jeder den

---

[38] *Lausberg:* Handbuch der literarischen Rhetorik, § 91 (S. 67), § 255 (S. 139).
[39] *Lausberg*, aaO. (Anm. 38), §§ 60, 61 (S. 53); *Cicero:* Zwei Bücher von der rhetorischen Erfindungskunst, I 8.
[40] *Lausberg*, aaO. (Anm. 38).
[41] *Lausberg:* Handbuch der literarischen Rhetorik, § 125 (S. 81).
[42] *Cicero:* Zwei Bücher von der rhetorischen Erfindungskunst, II 17.

2. Der Prozeß der Auseinandersetzung

anderen an, macht ihm Vorwürfe, weist gleichzeitig Unterstellungen oder Ansinnen zurück, versucht sich zu rechtfertigen oder verteidigt sich gegen Anschuldigungen. Auch läßt sich hier häufig nicht von einem Streitgegenstand sprechen. Statt dessen wird alles Erdenkliche herangezogen, um das Gesicht nicht zu verlieren und den anderen bloßzustellen.

Zum *Fall* kann ein solcher persönlicher Streit nur werden, wenn eine Partei die Angelegenheit nicht auf sich beruhen läßt, sondern Dritte mit dem *Vorfall* befaßt. Schon in dieser Behandlung als *Vorfall* ist die Ausgangssituation in spezifischer Weise erschlossen. Sie wird nicht beiläufig oder zur Einleitung einer gütlichen Vermittlung einem Dritten z. B. als *Zwischenfall* dargestellt, der ein bisher bestehendes gutes Einvernehmen lediglich getrübt hat. Bei der Vorlegung als Fall zielen die Schritte in Richtung auf eine Beendigung des Streits durch eine Vollendung der Auseinandersetzung.

Als erster Schritt wird dabei vorausgesetzt, daß sich die Partei auf ihre in der persönlichen Auseinandersetzung eingenommene Haltung versteift und diese auch im Gespräch mit Dritten aufrecht erhält. Im Gespräch mit Dritten kann der Streit aber nicht mehr unmittelbar geführt, sondern muß dargestellt werden. Das bedingt eine Reduktion des Streits auf solche Punkte, die Dritten die eingenommene Haltung verständlich machen, so daß sie wenn nicht schon *von*, so wenigstens *durch* Dritte vertreten werden kann. Persönliche Spitzen, nur auf das Gemüt des Gegners gemünzte Provokationen entfallen. Schlagfertigkeit, Witz, persönliches Betroffensein — kurz: alles, was das Gemüt im Streit unmittelbar bewegte — werden gezügelt[43] und in dem Maße, wie der Personenkreis, dem die Angelegenheit dargestellt wird, sich erweitert, auf den Erfahrungs- und Erlebniskreis eines Jedermann, auf das „Gemüt in Ruhe"[44], auf die Vertretung eines abgewogenen, wohlüberlegten Standpunkts nivelliert.

Außerhalb der konkreten Streitsituation kann der Standpunkt aber nur vertreten werden, wenn auch der Streit von der Situation gelöst werden kann. Zumindest muß das vom Gegner im Streit gezeigte Verhalten als für seine Person charakteristisch ausgewiesen werden. Zur Fortsetzung der Auseinandersetzung in der Form des Falles wird der Gegner auseinandergesetzt in das, was er unter der Blickrichtung des eigenen Standpunkts für einen bedeutet, und das, was er im übrigen

---

[43] Vgl. auch für das römische Recht die entsprechende Feststellung von *Opelt:* „Der elementare Zorn für den Betreffenden, der als Rivale um ein Recht oder als Schädiger auftritt, wandelt sich in der forensischen Praxis zur tendenziösen Charakteristik des Rechtsgegners, zur διαβολη": *Opelt:* Die lateinischen Schimpfwörter und verwandte sprachliche Erscheinungen, S. 198.

[44] *Kant:* Metaphysik der Sitten, S. 252 ff., Ak. Ausg. Bd. VI, S. 408.

auch noch sein mag⁴⁵. Erfahrungen aus einem früheren Umgang mit ihm werden auf Punkte durchgemustert, die sich in das von ihm im Streit gewonnene Bild einfügen. Das so vom Gegner gezeichnete Bild wird zugleich als dauerhaft und für die Zukunft verbindlich vorgestellt⁴⁶.

Diese Kontinuität ist in dem Maße verbürgt, wie sie von jedermann zu jederzeit festgestellt werden kann. Der umstrittene Punkt muß zumindest als jederzeit in entsprechenden Lagen denkbar behauptet werden. Noch beständiger erscheint der Streitpunkt, wenn er als eine der Person anhängende, jederzeit überprüfbare Eigenschaft ausgewiesen werden kann. Vollkommen unabhängig von den verschiedenen Gemütsbestimmungen des Gegners ist ein sachlicher, insbesondere ein auf Sachen gerichteter Streitpunkt. In diesen Fällen erscheint allein die Sache, die jedem zu jederzeit präsentiert werden kann, bedeutsam. Das persönliche Interesse, das die betroffene Person an dem Gegenstand nimmt, ihr „Zumutesein", wird in den Hintergrund gedrängt. In diesen Lagen sind Personen und Streitpunkt vollkommen auseinandergesetzt⁴⁷.

Die Hervorbringung eines Gegenstandes durch einen Prozeß, in dem gleichermaßen das Problem und die davon Betroffenen ihre Fassung gewinnen, hat auch in der Sprache ihren Niederschlag gefunden. Eine Reihe von Begriffen, die der Bezeichnung des Gegenstandes dienen, entstammen der Gerichtswelt. Das gilt schon für die „Sache"⁴⁸, die als „sachen" eine spezifische Weise des Streitens bezeichnete — eine Bedeutung, die sich noch in der juristischen Wendung „in Sachen" erhalten hat. Entsprechendes gilt für das „Ding"⁴⁹. Die Bedeutung des „Gegenstandes" als gleichermaßen materiell- und prozeßrechtlichen Begriff braucht hier nicht weiter hervorgehoben zu werden. Aber auch entsprechende lateinische Worte („res" — reus, „causa") entstammen der gerichtlichen Sphäre⁵⁰.

---

⁴⁵ *Schopenhauer:* Die Welt als Wille und Vorstellung, in: Sämtliche Werke, 2. Bd., S. 244.

⁴⁶ *Theunissen:* Der Andere, S. 303.

⁴⁷ Diese „Auseinandersetzung" der Person durch den im Fall vertretenen Standpunkt gilt nicht nur für den Rechtsfall. Vgl. *Lipps:* Die Erlebnisweise des „Primitiven", in: Die Wirklichkeit des Menschen, S. 26 ff. (31, 32).

⁴⁸ u. a. *Grimm:* Dt. Wörterbuch, Bd. 8, Sp. 1593 ff. („Sache" II); *Lexer:* Mittelhochdt. Handwörterbuch, Bd. 2, Sp. 564 ff. („sache", „sachen"); *Brinckmeier:* Glossarium Diplomaticum, S. 496 (unter „Sachen"); *Heidegger:* Identität und Differenz, S. 37.

⁴⁹ *Karg-Gasterstedt:* Althochdt. thing — neuhochdt. Ding; *Heidegger:* Die Frage nach dem Ding, S. 4.

⁵⁰ So vor allem „causa": *Walde-Hofmann:* Lat. etymol. Wörterbuch, Bd. 1, Sp. 190 („caussa, causa"); zu „res" — „reus": dto. Bd. 2, Sp. 430 („res"), Sp. 432 („reus"); zur Bestimmung eines „Streitgegenstandes" durch den Patienten: *Zwirner:* Das Gespräch, in: studium generale, 1951, S. 213 (S. 219 f.); vgl. auch *Friedmann:* Das Gemüt, S. 71 ff. (insbes. 91).

c) Behandlung als Rechtsfall

Dem Richter wird die Angelegenheit in der Regel[51] schon in dieser zum Fall vorgeklärten Lage präsentiert. Die Vorarbeit leistet, soweit sie nicht von der Partei selbst erbracht wird, der Anwalt[52] oder der Urkundsbeamte der Geschäftsstelle (§ 496 ZPO), die beide aus den vielfältigen mündlich vorgetragenen Anschuldigungen und Klagen eine „die Klage" enthaltenen Schriftsatz oder ein entsprechendes Protokoll anfertigen. Der Richter braucht diese Lage nur noch zu sichern und weiterzuführen.

Einer besonderen Sicherung der geleisteten Vorarbeit bedarf es schon deshalb, weil im gerichtlichen Verfahren zunächst die Mittel, die außerhalb des Gerichts eine Klärung des Streits zum Fall ermöglichen, zum Teil aufgehoben werden. Im Vorstadium wird der für die Klärung erforderliche Abstand zum Fall schon durch die Abwesenheit des Gegners gesichert, so daß jede Partei zu einer Darstellung des Streits und zur Reduktion der Angelegenheit auf einzelne vertretbare Streitpunkte gezwungen ist. Dagegen kann die Präsenz des Gegners vor Gericht insbesondere bei Verfahren ohne anwaltliche Vertretung dazu verleiten, die Auseinandersetzung wieder ganz persönlich aufzunehmen, und gelegentlich verfallen temperamentvolle oder streitsüchtige Parteien auch darauf, die Anwesenheit des Gegners zu einigen „persönlichen Worten" zu nutzen.

aa) Ausrichtung der Parteien

Doch in der Regel dämpft schon die äußere Atmosphäre, der Verhandlungsstil und die Öffentlichkeit des Verfahrens die erregten Gemüter. Die Parteien bleiben befangen und beschränken sich auf die notwendigsten Äußerungen. Hinzu kommt die strenge Rollenverteilung: Die Partei ist hier — im Unterschied zur unmittelbaren Streitstuaton [vgl. oben II 2. b), 2. Abs.] — nur noch Kläger oder Beklagter. Die gerichtlich angestrebte Vollendung der Auseinandersetzung beginnt nämlich mit einer förmlichen Auseinandersetzung — z. B. schon mit der Zuweisung bestimmter Stehpulte —, so daß sich die materielle Auseinandersetzung auf die Abgabe derjenigen Erklärungen beschränkt, die jeder Partei in ihrer Rolle zukommen. Das Ausmaß dieser Ausrichtung der Parteien

---

[51] Nur noch ausnahmsweise (z. B. im Falle des § 500 ZPO) erfolgt die Aufarbeitung insgesamt durch den Richter.

[52] Gerade der Anwalt kann noch unmittelbar den Bruch zwischen dem ersten persönlichen Gespräch und der weiteren unpersönlichen Behandlung als Fall erleben. Der Mandant wird dabei vom Gesprächspartner zum befragten Gesprächsgegenstand. Der entsprechende Bruch im ärztlichen Gespräch erfolgt mit der Anamnese: vgl. *Zwirner:* Das Gespräch, in: studium generale, 1951, S. 213 ff. (218 ff., 223).

II. Die Zumutbarkeit im Prozeß der Urteilsfindung

äußert sich in vielfältigen Formen. Hier sei nur eine Nebensächlichkeit, die den Beteiligten häufig gar nicht bewußt wird, aufgegriffen, um anzudeuten, bis in welche Bereiche die Mittel zur Sicherung einer gerichtlichen — oder genauer einer „rechtenden" — Erörterung der Angelegenheit reichen:

Im gerichtlichen Verfahren vermeiden die Beteiligten eine persönliche Anrede des Gegners. Jede Partei spricht lediglich vom „*Kläger*" bzw. vom „*Beklagten*", bezeichnet den Gegner auch in seiner Anwesenheit also nur in der dritten Person. Selbst wenn einmal der Name des Gegners fällt, dient das häufig nur zur genauen Bezeichnung, weniger der persönlichen Anrede des Kontrahenten. Die Parteien werden zu dieser Bezeichnung häufig durch den Vorsitzenden ermuntert, der — abgesehen von Vergleichsverhandlungen[53] — selten ein gemeinsames Gespräch zu dritt aufkommen läßt, vielmehr abwechselnd in eine Einzelbesprechung mit nur einer Partei tritt und dabei häufig für die andere Partei ebenfalls eine unpersönliche Bezeichnung wählt.

Damit ist im Prozeß eine Anredeform vorherrschend, die im alltäglichen Gespräch nur ausnahmsweise möglich ist. Gewöhnlich gilt die Bezeichnung eines Gesprächsteilnehmers mit „*er*"[54] als unhöflich, peinlich oder diskriminierend[55]. Denn wer einen Anwesenden mit der dritten Person bezeichnet, spricht über ihn und nicht mit ihm. Der Betroffene ist nicht angesprochen, sondern wird besprochen: „Wenn ich einen anderen mit ‚er' bezeichne, so behandle ich ihn als wesensmäßig abwesend"[56], definiere ihn implizit als außerhalb eines laufenden Gesprächs[57], ignoriere seine Präsenz, lasse eine persönliche Verbundenheit zu ihm fallen[58]. An die Stelle des unmittelbaren Eindrucks, den die Gesprächspartner voneinander haben, setzen die Beredenden das Bild, das sie sich vom Betroffenen machen. Sie verfügen über ihn, unterwerfen ihn ihrer Betrachtungsweise, bestimmen, was ihnen am Betroffenen bemerkenswert erscheint. Der Beredete wird zum Objekt

---

[53] Zu den Besonderheiten dieser Gesprächssituation siehe unten S. 83 ff.

[54] Die Anredeform „*Sie*" ist die zweite, nicht dritte Person; vgl. *Weinrich:* Tempus — Besprochene und erzählte Welt, S. 24.

[55] Vgl. *Marcel:* Metaphysische Tagebücher, S. 226; *Rosenstock-Huessey:* Der Atem des Geistes, S. 54; dazu *Theunissen:* Der Andere, S. 284.

[56] *Marcel:* Schöpferische Treue, S. 38; vgl. auch *Rosenstock-Huessey:* Der Atem des Geistes, S. 54.

[57] *Marcel:* Metaphysische Tagebücher, S. 197.

[58] Umgekehrt bedeutet das: „Je mehr persönlich verinnerlicht mein Verhältnis zu einer Person ist, desto weniger kann es mir in den Sinn kommen, mich über sie mit einem Dritten (oder auch nur mit mir selbst) sachlich und damit recht eigentlich in der ‚dritten Person' zu verständigen." *Ebner:* Das Wort und die geistigen Realitäten, Schriften Bd. 1, S. 75 ff. (257); ders. in: Versuch eines Augenblicks in die Zukunft, in: Schriften Bd. 1, aaO., S. 719 ff. (839).

2. Der Prozeß der Auseinandersetzung

Dritter[59]. Er verliert seine Stellung als Gesprächspartner und wird zum Gesprächsgegenstand[60]. Unproblematisch ist eine persönliche Bezeichnung daher nur in Abwesenheit des Betroffenen. Die Abwesenheit sichert den für ein Bereden notwendigen Abstand vom Gesprächsgegenstand. Ein Bereden in Gegenwart des Betroffenen führt dagegen gewöhnlich zur Auseinandersetzung der Gesprächsgemeinschaft. Der Beredete wird sich dagegen verwahren oder sich — sei es in einer offenen Auseinandersetzung, sei es durch weiteres Stillschweigen — vom Gespräch zurückziehen.

Anders verhält es sich, wenn das Gesprächsthema die augenblickliche Präsenz des Gesprächspartners nicht mehr berührt, sondern von seiner Person getrennt werden kann. So bespricht z. B. der Arzt eine Krankheit mit dem Betroffenen. In solchen Lagen ist die Auseinandersetzung schon in der Person vollzogen. Die zu besprechende Angelegenheit wird als selbständiger, vom Gesprächspartner isolierter Gegenstand vorgestellt, der sich sachlich bereden läßt. Diese Lagen erfordern eine besondere Rücksichtnahme seitens der Gesprächsteilnehmer und stellen erhöhte Anforderungen an das „Gemüt" des Betroffenen. Er muß Abstand zu sich selbst halten und für die Dauer der Besprechung einen Standpunkt beziehen, der eine Einwirkung der als „äußerer" Gegenstand vorgestellten Sache auf sein gegenwärtiges Zumutesein ausschließt. Je mehr dagegen der Gesprächsgegenstand sein gegenwärtiges Zumutesein berührt, desto weniger wird eine sachliche Erörterung mit ihm möglich sein. So läßt sich z. B. das in der Regel als äußerlich vorgestellte „Eigentum" eines Gesprächspartners leichter in seiner Gegenwart bereden, als seine „Eigenheiten" und „Eigentümlichkeiten".

Im gerichtlichen Verfahren ersetzt demnach u. a. die hier vorherrschende Bezeichnung des anwesenden Gegners mit der dritten Person den Abstand, der außerhalb der mündlichen Erörterung schon durch die Abwesenheit der Beteiligten gesichert wird. Soweit den Parteien eine isolierte Vorstellung und Erörterung der Streitpunkte schwer fällt, können sie durch die unpersönliche Bezeichnung die Angelegenheit besprechen, ohne in eine persönliche Auseinandersetzung mit dem Gegner verfallen zu müssen.

bb) Disziplinierung des Richters

Der Prozeß der Hervorbringung einer spezifischen Einstellung zum Geschehen macht auch vor dem Richter nicht halt. Neben äußere Mittel — Amtsraum, Sitzanordnung, Robe, Rauchverbot u. a. — tritt ein spe-

---

[59] *Theunissen:* Der Andere, S. 323.
[60] Vgl. näher *Theunissen:* Der Andere, S. 267, 283 ff., 293.

zifisches *procedere*, das nicht einfach der Rechts„findung", sondern der Ausgrenzung und Präparierung des Geschehens zu einem nach juristischen Maßstäben beurteilungsfähigen Sachverhalt dient. In diesem Sinne hebt *Henke*[61] hervor: „Die Technisierung des Verfahrens, die vielfach vorgeschriebene Vertretung durch der Sache fernstehende Prozeßbevollmächtigte, die schriftliche Fixierung des Parteivortrages, vor allem aber die erforderliche zeitliche Straffung führen zur Faktenauswahl, deren Ergebnis der juristische ‚Sachverhalt' ist." Nicht zuletzt sei auch auf eine entsprechende Funktion von Rechtsbegriffen hingewiesen, denen — wenn auch nicht primär — eine disziplinierende Rolle zukommt[62]. Darüber hinaus bleiben die Art und Weise der Arbeitsverteilung, der Stellenbesetzung, der Beförderung u. a. nicht ohne Einfluß auf die Rechtsprechung. So weist *Lando*[63] auf Zusammenhänge zwischen der Billigkeitsrechtsprechung der unteren Gerichte und der Besetzung dieser Gerichte in Dänemark hin: Die Richterstellen an den unteren Gerichten sind außerhalb der Gemeinde Kopenhagens Schlußposten der Karriere. Ein Richter, der diese Stellung erreicht hat, will in seinem Sprengel lieber „als ein gerechter Mann als bei den Appellationsgerichten als eine juristische Begabung gelten"[64].

Die Reichweite der Ausrichtung des Richters sei im folgenden ausführlicher wiederum nur an einer Einzelheit — dem Tempusgebrauch in den einzelnen Abschnitten der Relation — dargestellt:

Schon der Trennung des Streitstandes, die in den einzelnen Stationen besonders konsequent durchgeführt wird, liegt das bereits erwähnte Bestreben zur schrittweisen Auseinanderetzung der Parteien zugrunde — ein *procedere*, das schon im *status coniecturae* der Rhetorik leitend ist [vgl. oben II 2. a) bei Anm. 40].

Abgesehen von dieser schrittweisen Würdigung werden dem angehenden Juristen genaue Anweisungen zum Tempusgebrauch in den einzelnen Abschnitten gegeben, die sich auch im Urteilstatbestand wieder-

---

[61] Diskussionsbeitrag auf der Tagung für Rechtsvergleichung in Wien vom 18. bis 21. 9. 1963, in: Ermessensfreiheit und Billigkeitsspielraum des Zivilrichters, S. 132 ff. (133).

[62] Vgl. dazu *Henke:* Diskussionsbeitrag auf der Tagung für Rechtsvergleichung in Wien vom 18. bis 21. 9. 1963, in: Ermessensfreiheit und Billigkeitsspielraum des Zivilrichters, S. 133, 134. Er verweist insoweit auf *Radbruchs* Besprechung der 1936 erschienenen Schrift von *Hempel/Oppenheim:* Der Typusbegriff im Lichte der neuen Logik. Gemeint ist offenbar der Aufsatz von *Radbruch:* Klassenbegriffe und Ordnungsbegriffe, in: Intern. Zeitschrift für Theorie des Rechts, Bd. 12 (1938), S. 46 ff. (46 Anm. 1).

[63] *Lando:* Der Ermessensspielraum des Zivilrichters im dänischen Recht, in: Ermessensfreiheit und Billigkeitsspielraum des Zivilrichters, Arbeiten für Rechtsvergleichung, herausgegeben von *v. Caemmerer*, S. 105 ff. (110).

[64] *Lando*, aaO., S. 110.

2. Der Prozeß der Auseinandersetzung

finden. Danach ist z. B. der unstreitige Teil des Berichts, die Geschichtserzählung, im Präteritum, die Vorgeschichte im Plusquamperfekt wiederzugeben, weil „darin gewöhnlich Tatsachen, die abgeschlossen in der Vergangenheit liegen, chronologisch ... mitgeteilt werden"[65]. Das Perfekt soll nur bei der Schilderung von Tatsachen aus der Vergangenheit, die in der Gegenwart fortbestehen oder auf sie einwirken, berechtigt sein[66]. Aus diesem Grunde müsse auch die Prozeßgeschichte im Perfekt wiedergegeben werden. Als Tempora zur Wiedergabe des Streitstandes werden das Präsens und für die Vorgeschichte desselben das Perfekt genannt, denn hier referiere der Berichterstatter eigene Wahrnehmungen aus den Schriftsätzen und Niederschriften der Akte[67]. In Gutachten und Urteil sollen Rechtsausführungen im Präsens, Ausführungen über Vergangenes im Präteritum und — ausnahmsweise — solche, die in die Gegenwart hineinreichen, im Perfekt gemacht werden[68].

Diese detaillierten Anweisungen zum Tempusgebrauch scheinen zunächst nichts mit einer Ausrichtung des Richters zu tun zu haben. Es sind offenbar, wie *Sattelmacher*[69] ausführt, „gegebene Zeitformen". Dem steht allerdings entgegen, daß — worauf *Sattelmacher* selbst hinweist[70] — das im Sachbericht wiedergegebene Geschehen auch im Präsens geschildert werden könnte. Zudem werden die einzelnen Umstände in dem zweiten von *Sattelmacher* wiedergegebenen Aktenfall im Bericht zwar tatsächlich vorwiegend im Präteritum/Plusquamperfekt dargestellt[71]. Im entsprechenden klägerischen Schriftsatz steht aber dieses Geschehen überwiegend im Perfekt, obwohl sich an den berichteten Tatsachen über einen Erbfall zwischenzeitlich nichts geändert hat[72]. Berücksichtigt man weiter, daß z. B. mit dem Präteritum neben vergangenes auch gegenwärtiges oder zukünftiges Geschehen erreicht werden kann[73], so kann nicht eine irgendwie geartete objektive Zeitlichkeit[74] der ausschlaggebende Gesichtspunkt für die Wahl der Tempora sein.

Auch *Sattelmacher* nennt gelegentlich andere Gründe: So lehnt er die Darstellung der Geschichtserzählung im Präsens ab, weil sie den

---

[65] *Sattelmacher*: Gutachten und Urteil, S. 83.
[66] *Sattelmacher*, aaO., S. 81—83.
[67] *Sattelmacher*, aaO., S. 81—83.
[68] *Sattelmacher*: Gutachten und Urteil, S. 95 Anm. 1, S. 196/197.
[69] *Sattelmacher*, aaO., S. 81; vgl. auch *Brauer-Schneider*, S. 254, 255.
[70] *Sattelmacher*, aaO., (Anm. 68), S. 81.
[71] *Sattelmacher*, aaO., (Anm. 68), S. 88 ff.
[72] *Sattelmacher*, aaO. (Anm. 68), S. 249—257.
[73] Vgl. *Weinrich*: Tempus — Besprochene und erzählte Welt, S. 17 ff. (20 mit zahlreichen Beispielen aus der Literatur).
[74] So aber *Sattelmacher*, aaO., S. 81, 82.

Sachverhalt nicht „objektiv", sondern „recht lebhaft und überzeugend" schildere[75]. Die Verwendung des Präteritums bei der Wiedergabe der Prozeßgeschichte sei regelmäßig ein Fehler, weil sie „Ausdruck der absoluten Vergangenheit vom Standpunkt des Redenden aus" sei. Was hier „objektiv" und „absolute Vergangenheit" heißen mag, sei dahingestellt. Wichtig ist nur, daß in beiden Fällen der Standpunkt des Berichterstatters die Wahl der Verbform bestimmt.

In dieser Kennzeichnung klingt ein Gesichtspunkt an, den *Harald Weinrich*[76] als den entscheidenden für die Tempuswahl herausstellt: In den Tempora kommen nicht Zeitbestimmungen, sondern Sprechsituationen zur Sprache[77]. Damit ist zunächst noch nicht viel gesagt, denn keine Sprechsituation gleicht der anderen. *Weinrich* weist aber — u. a. unter Hinweis auf Zählungen der Tempora in Texten — nach, daß für die Tempuswahl typische Sprechsituationen bestimmend sind[78]. Präteritum und Plusquamperfekt werden in erzählenden Situationen bevorzugt, Präsenz und Perfekt finden sich in besprechenden, abwägenden, erörternden Situationen, z. B. auch in wissenschaftlichen Arbeiten. Diesen beiden Situationen liegen verschiedene Haltungen des Sprechers zugrunde. Der Prototyp des Erzählers ist der entspannte, sitzende Geschichtenerzähler[79]. Seine Einstellung zum Gesprochenen unterscheidet sich grundlegend von der des engagierten Sprechers, der von seinen Zuhörern Konzentration und Stellungnahme fordert[80].

Der Haupttempus des Erzählens ist das Präteritum, der des Besprechens das Präsens[81]. Diese beiden Tempora geben keine zeitliche Orientierung. Das im Präsens bzw. Präteritum wiedergegebene Geschehen kann in der Vergangenheit, Gegenwart oder Zukunft liegen. Nur der zeitliche Unterschied, das Vor- oder Nachher, kann durch Tempora gekennzeichnet werden: Ereignisse, die vor dem im Präsens bzw. Präteritum wiedergegebenen Geschehen liegen, werden in der Erzählung im Plusquamperfekt, beim Besprechen, Beurteilen, Erörtern etc. im Perfekt dargestellt. Insoweit wird auch durch die Tempora Zeitlichkeit zum Ausdruck gebracht[82]. Doch handelt es sich um ganz verschiedene Zeitlichkeiten: Die erzählte Gegenwart ist nicht die, in der ich

---

[75] *Sattelmacher*, aaO., S. 81.
[76] In: Tempus — Besprochene und erzählte Welt, Sprache und Literatur Bd. 16.
[77] *Weinrich*, aaO., passim, insbes. S. 25, 44 ff.
[78] Dazu insbes. *Weinrich*, Kap. III, S. 44 ff.
[79] *Weinrich*, aaO., S. 49, 55 ff., 59 ff.
[80] *Weinrich*, aaO., S. 50, 51 ff.
[81] *Weinrich*, aaO., S. 52, 72.
[82] Dazu näher: *Weinrich*, aaO. (Anm. 76), S. 73.

2. Der Prozeß der Auseinandersetzung

mich entscheiden muß, die erzählte Vergangenheit nicht die, die mir „im Nacken sitzt"[83].

Vor dem Hintergrund dieses hier nur in wenigen Zügen dargestellten Tempusverständnisses werden die Anweisungen zum Tempusgebrauch in den einzelnen Abschnitten der Relation und des Urteils verständlicher. Nicht eine Abgeschlossenheit oder Vergangenheit „an sich" bestimmt die Tempuswahl. Die im Präsens wiedergegebenen Lehrmeinungen liegen beispielsweise häufig weiter zurück als das im Präteritum erzählte Geschehen. Letzteres ist zudem keineswegs abgeschlossen, beherrscht vielmehr gerade die augenblickliche Gegenwart, den gegenwärtigen Prozeß. In der scharfen Zäsur zwischen den Tempora der Geschichtserzählung (Präteritum/Plusquamperfekt) und denen der übrigen Teile der Relation und des Urteils, der schon in der Rhetorik hervorgehoben wurde, sowie in den Anweisungen zum Konjunktivgebrauch bei der Schilderung des Streitstandes, schlagen sich die verschiedenen Einstellungen des Richters zum Geschehen nieder[84].

Im Urteil begründet der Richter seine Entscheidung. Sie ist keine bloße Erkenntnis, sondern *ein* Erkenntnis[85]: Es verändert die Situation. Hier ist er engagiert. Er rechnet zudem mit aufmerksamen, kritischen Zuhörern, die zu seiner Entscheidung Stellung nehmen werden. Auch die Prozeßgeschichte betrifft noch die gerichtliche Sphäre. Demgegenüber beschränkt sich zwar die Darstellung des Streitstandes auf die Wiedergabe der Ansichten der Parteien. Als Inhaltsangabe bleibt aber auch dieser Abschnitt besprechende Rede[86]. Die Behauptungen und Ansichten der Parteien — wie z. B. auch die im Gutachten und Urteil referierten Meinungen aus Rechtsprechung und Lehre — werden nicht lediglich beiläufig erzählt, sondern einander gegenübergestellt, um dem Zuhörer Gelegenheit zu geben, sich selbst ein Bild zu machen und Stellung beziehen zu können[87].

Diese Inhaltswiedergabe fremder Ansichten rückt der Richter aber von seinem eigenen Urteil ab. Um nicht mit fremden Meinungen und Behauptungen identifiziert zu werden, bedient er sich einer besonderen

---

[83] *Weinrich,* aaO., S. 73 ff. unter Zitierung von *Sartre:* L'être et le réant, 1943, S. 152.

[84] Vgl. *Weinrich,* aaO., S. 88, 87.

[85] Zum sprachlichen Unterschied zwischen „die" und „das" Erkenntnis u. a. auch *Forsthoff:* Recht und Sprache, Schriften der Königsberger Gelehrten Gesellschaft, S. 5.

[86] Zur Gesprächssituation der Inhaltsangabe *Weinrich,* aaO., S. 53, 54.

[87] Vgl. z. B. *Sattelmacher:* Gutachten und Urteil, S. 60 (hins. des Ortes zur Wiedergabe der Anträge): „Entscheidend ist, daß der Leser nicht lange im Ungewissen bleibt, was der Kläger erstrebt."

"Reliefgebung"[88]. Entweder schränkt er durch die Endstellung des Verbs ("Der Kläger meint, daß er ... hat") oder durch die Darstellung im Konjunktiv ("Der Kläger meint, er habe ...") die Gültigkeit der wiedergegebenen Äußerungen ein.

Besonders deutlich wird die Ausrichtung des Richters bei der Anweisung, den unstreitigen Teil im Imperfekt/Plusquamperfekt wiederzugeben. Die Parteien benutzen nämlich — auch soweit die Angelegenheit unstreitig ist — überwiegend die besprechenden Tempora Präsens und Perfekt[89]. Das gilt insbesondere für mündliche Äußerungen: Die Parteien verfallen häufig bei der Schilderung der Begebenheit in das Perfekt. Wenn demgegenüber der Richter angewiesen wird, das Unstreitige im Präteritum/Plusquamperfekt zu erzählen, so kann der Grund hierfür nicht in der angeblichen Abgeschlossenheit des Geschehens liegen, zumal diese Vorgänge das gegenwärtige Tätigwerden des Richters bestimmen. Der Richter wird vielmehr gezwungen, selbst seine Haltung zum Geschehen zu ändern. Durch die erzählende Wiedergabe eines Ereignisses wird die Situation entschärft[90]. Wer etwas erzählen kann, hat sich bereits aus der situationsbedingten Befangenheit gelöst. Zum Erzählen gehört — im Unterschied zum Berichten — etwas Spielendes: "Die erzählte Welt ist ein Spiel-Raum"[91]. Indem der Richter genötigt wird, die im Stile einer Besprechung geführte Erörterung der Sachlage in die Situation einer Erzählung zu übersetzen, gewinnt er selbst die entspannte, gelöste Haltung und Sichtweite des Erzählers[92]. Er muß seine Einstellung zum Geschehen ändern, da er der Sprecher ist und die Gesprächssituation in der Weise eines Erzählers ausfüllen muß. Er kommt so in die Lage, sich aus der Anteilnahme zu lösen und rechtliche Gesichtspunkte nur noch "durchzuspielen", um zu sehen, welche für den Fall erheblich sind.

3. Urteilende Gestimmtheit

Die Mittel und die Bedeutung einer spezifischen Gestimmtheit für die sachliche Beurteilung werden wiederum schon ausführlich in der aristotelischen Rhetorik behandelt: Der Redner soll — neben den aus der

---

[88] Zu diesem Begriff und zum folgenden: *Weinrich*, aaO. (Anm. 76), S. 217 ff., 221 ff. (222, 225, 226).

[89] Vgl. oben II 2. c) bb), bei Anm. 71 sowie Anm. 71, 72 (mit Verweis auf die unterschiedliche Wiedergabe des Aktenfalls im Bericht und im Aktenauszug bei *Sattelmacher*).

[90] *Weinrich*, aaO. (Anm. 76), S. 49.

[91] *Weinrich*, aaO., S. 58 ff. (Zitat S. 59).

[92] Vgl. oben II 2. c) bb), bei Anm. 79.

3. Urteilende Gestimmtheit

Sache sich ergebenden Überzeugungsmitteln — zwei weitere beachten[93]. Er muß sich in die Gestimmtheit der Zuhörer einfühlen und sich bemühen, eine seinem Anliegen entsprechende Stimmung[93a] zu erzeugen. Abgesehen von dieser Um- und Einstimmung der Zuhörer, die schließlich zu einer Übereinstimmung mit dem Redner führen soll, muß der Redner sich selbst als ein „red-licher"[94] Mann auszuweisen. Dazu gehören neben Einsicht und Tugend die Ausstrahlung einer wohlwollenden Grundstimmung[95].

Der einseitigen Hervorhebung der perönlichen Überzeugungsmittel kann allerdings entgegengehalten werden, daß *Aristoteles* diese Mittel — trotz ihrer ausführlichen Erörterung in der Rhetorik — einleitend als außerhalb der Sache liegend bezeichnet[96]. Ihnen kommt nur bei der tatsächlichen Beeinflussung der jeweiligen Zuhörer und Richter eine bedeutende Rolle zu[97]. Gründe und Beweise liefern aber nur die Mittel, die der Auseinandersetzung mit der Sache dienen[98]. Sie schaffen die Grundlage für die Überzeugung[99]. Dagegen haben die Beteiligten in einer ausschließlich um die Sache bemühten Problemerörterung auf die persönlichen Überzeugungsmittel zu verzichten. So weist *Aristoteles* lobend auf das Verbot unsachlicher Erörterungen vor einzelnen Gerichten hin[100].

Der Verzicht auf persönliche Überzeugungsmittel bedeutet aber nicht, die Beteiligten könnten in diesen Lagen so gestimmt sein wie sie wollten, weil die Sache selbst schon hinreichend eine angemessene, sachliche Beurteilung sichere. Gerade diese Lagen erfordern eine besondere Gemütsanspannung, ein Absehen von momentanen Stimmungen. Die Beteiligten müssen „Disziplin" üben, damit die Angelegenheit der Betrachtungsweise einer bestimmten „Disziplin"[101] unterworfen werden kann; denn „Herr werden wir der Stimmung nie stimmungsfrei, sondern je aus einer Gegenstimmung"[102].

---

[93] *Aristoteles*: Ars rhetorica A 2 (1356 a 1—4), B 1 (1378 a 6—8).
[93a] Ars rhetorica B 1 (1377 b 23—31).
[94] Ars rhetorica B 1 (1378 a 6—8, 14—17), A 2 (1356 a 4—8 und 13).
[95] Ars rhetorica A 8 (1366 a 9—12), B 1 (1378 a 8).
[96] Ars rhetorica A 1 (1354 a 16).
[97] Ars rhetorica B 1 (1377 b 23—28), A 1 (1354 b 33—34).
[98] Ars rhetorica A 1 (1355 a 3 ff.).
[99] Ars rhetorica A 1 (1354 a 14—16).
[100] Ars rhetorica A 1 (1354 a 19, 23; 1355 a 1—3).
[101] Diese Bedeutung von „Disziplin" hebt *Kant* ausdrücklich hervor: Kritik der reinen Vernunft, A 710, B 738 Anmerkung (Ausgabe bei *Meiner*, S. 655 Anmerkung).
[102] *Heidegger*, Sein und Zeit, § 29 (S. 136).

Ein in dieser Weise diszipliniertes Denken[103] ist Bedingung für eine Beurteilung im strengen Sinne. „Es ist nicht das gleiche Urteil, welches man in Schmerz und in Freude, bei Liebe und beim Hasse ausspricht[104]." Solange der Betrachter noch beeinflußt werden kann, fehlt das im Urteil vorausgesetzte ab- und beständige Gegenüber von Gegenstand und Betrachter. Erst wenn die Auseinandersetzung vollendet ist, können die Beteiligten Feststellungen über den Gegenstand treffen. Dabei verlangt das Urteil eine Gestimmtheit, in der nicht nur zeitweise Launen und Wünsche, sondern jede von der Person abhängige Gemütsbestimmung zurückgestellt wird. Im besten Falle muß es von jedermann zu jederzeit im gleichen Sinne gefällt werden können.

---

[103] Zu den verschiedenen Weisen einer möglichen Disziplinierung vgl. *Hampel:* Variabilität und Disziplinierung des Denkens.
[104] Ars rhetorica A 2 (1356 a 15—16); oben zitiert nach der Übersetzung von *Roth*, Aristoteles Werke — Schriften zur Rhetorik und Poetik, Band 1, S. 22.

III. Die Zumutbarkeit in „Schlußlagen"
—am Beispiel des Vertragsrechts—

Hängt das Ergebnis eines Verfahrens zur Streitbeilegung in der beschriebenen Weise mit der Gestimmtheit der am Verfahren beteiligten Personen zusammen und ist für ein urteilendes Verfahren im Sinne eines Subsumtionsverfahrens gerade das Bemühen kennzeichnend, eine von momentanen Vorstellungen unabhängige Gestimmtheit hervorzubringen, so liegt nach dem Ergebnis der bisherigen Erörterung der Ort der Zumutbarkeit außerhalb des abschließenden Schrittes des Beurteilungsverfahrens. Im Prozeß der Aufarbeitung des Geschehens zu einem subsumtionsfähigen Sachverhalt werden sowohl die persönliche Teilhabe des Betroffenen bei der Einschätzung seiner Lage, wie sie in der Zumutbarkeit anklingt [vgl. oben I 2. b), bei Anm. 47], als auch alle übrigen Momente, die sich der Bestimmung eines „Zumutbaren als solchem" widersetzen, mehr und mehr in den Hintergrund gedrängt. Die Zumutbarkeit ist insoweit tatsächlich ein nicht „,ding'-fest zu machendes Etwas" [vgl. oben I, vor 1.], ein im Urteilsverfahren nicht greifbarer Gesichtspunkt [vgl. oben II 2. b), bei Anm. 49].

Dieses Ergebnis steht aber in einem offensichtlichen Widerspruch zu der bereits oben [I 1., vor Anm. 2] erwähnten Bedeutung der Zumutbarkeit in allen Rechtsgebieten. Ein solcher Widerspruch besteht nur dann nicht, wenn entweder die Zumutbarkeit vor allem außerhalb streng urteilender Verfahren Bedeutung gewinnt oder aber — entgegen den einleitenden Mutmaßungen [II, vor 1.] — dieser Grundsatz trotz Zurückdrängung derjenigen Momente, die sich einer Verallgemeinerung widersetzen, noch genügend Substanz behält, um ein „Zumutbares als solches" im Sinne eines Beurteilungsmaßstabes zu bestimmen. Letzteres wird schon durch den Umstand nahegelegt, daß das geltende Recht überall mit einer bei allem Wechsel dennoch beharrenden Gemütsbestimmung des Einzelnen rechnet, während umgekehrt bei Leugnung einer solchen kontinuierlichen Gemütsbestimmung der Person jede Zurechnung ausgeschlossen wäre: Hingewiesen sei insoweit nur auf das Vertragsrecht, bei dem alle wechselhaften Launen und Wünsche einer Partei, soweit sie die vertragliche Abrede berühren, während der Vertragsdauer im Regelfall unbeachtlich sein müssen. Statt dessen wird die im Zeitpunkt des Vertragsschlusses getroffene Bestimmung für die Dauer des ganzen Vertrages perpetuiert.

III. Die Zumutbarkeit in „Schlußlagen"

1. Rechtfertigung der Vertragsbindung

Schlüssig begründen läßt sich die Vertragsbindung vom Vertrage aus[1] — insoweit zunächst *Kant* folgend[2] — nur unter der Voraussetzung einer stetigen, von allen empirischen Umständen unabhängigen „zeitlosen"[3] Gemütsbestimmung[4]. Vom Vertragsschluß bis zur Erfüllung muß bei jedem Vertragspartner ein Wille vorausgesetzt werden, der sich von allen momentanen Zielsetzungen und zufälligen Privatabsichten[5] distanziert[6] und sich in einer Weise bestimmt, als ob die Maxime des Handelns durch den Handelnden zum allgemeinen Naturgesetz werden sollte[7]. Bei einer derartigen sich außerhalb der Zeitfolge denkenden

---

[1] Abweichende Begründungen zur Rechtfertigung der Vertragsbindung geben vor allem: *Reinach:* Die aprior. Grundlagen des bürgerlichen Rechts, S. 70 ff., 714 ff.; *Lipps* u. a. in: Bemerkungen über das Versprechen, in: Die Verbindlichkeit der Sprache, S. 97 ff.; *Bailas:* Das Problem der Vertragsschließung, S. 69 ff.; Zu Reinach, Hans Lipps und Marcel eingehend *Häusling:* Untersuchungen über das Wesen des Versprechens.

[2] Zum Einfluß *Kants* auf die Privatrechts- und Vertragslehre des 19. Jahrhunderts u. a. *Coing:* Der Rechtsbegriff der menschlichen Person und die Theorie der Menschenrechte, S. 191 f.; *Conrad:* Individuum und Gemeinschaft in der Privatrechtsordnung des 18. und beginnenden 19. Jahrhunderts, S. 22; *Fabricius:* Relativität der Rechtsfähigkeit, S. 37 ff.; *Lüderitz:* Auslegung von Rechtsgeschäften, S. 81; *Pawlowski:* Rechtsgeschäftliche Folgen nichtiger Willenserklärungen, S. 243 ff.; *Raiser:* Vertragsfunktion und Vertragsfreiheit, in: Festschrift Hundert Jahre deutsches Rechtsleben, S. 101 ff. (102); ders.: Vertragsfreiheit heute, JZ 1958, S. 1 ff. (2); *Scheying:* Zur Geschichte des Persönlichkeitsrechts im 19. Jahrhundert, in: AcP 158 (1959/60), S. 503 ff. m. w. N.; *Wieacker:* Das Sozialmodell der klassischen Privatrechtsgesetzbücher, S. 6.

[3] Dazu vor allem *Heinrichs:* Das Problem der Zeit in der praktischen Philosophie Kants, Diss. phil. Hamburg vom 20. 11. 1966.

[4] *Kant* verwendet „Gemüt" noch in der ursprünglichen umfassenden Bedeutung des Wortes, dazu oben I 2. c), bei Anm. 50. Dazu gehören neben den Grundquellen unserer Erkenntnis (Kritik der reinen Vernunft, A 50, B 74 — bei *Meiner*, S. 94) und dem — vor allem in der Metaphysik der Sitten bedeutsamen — „Begehrungsvermögen" (vgl. schon: Überschrift I zur Einleitung der Metaphysik der Sitten, Akademie Ausgabe, Bd. VI, S. 211, Vorländer, S. 11) u. a. „Empfindung, Bewußtsein, Einbildung, Erinnerung, Witz, Unterscheidungskraft, Lust, Begierde" (Kritik der reinen Vernunft, A 649, B 677 — bei *Meiner*, S. 609; vgl. weiter: A 94 — bei *Meiner*, S. 135). Zur Bedeutung von „Gemüt" bei *Kant* näher: *Vaihinger:* Kommentar zu Kants Kritik der reinen Vernunft, 2. Bd., S. 9 ff., 31 ff.

[5] *Kant:* Grundlegung zur Metaphysik der Sitten, Akademie Ausgabe, Bd. IV, S. 433 (*Vorländer* S. 56); Kritik der reinen Vernunft, A 813, B 841 (bei *Meiner*, S. 734).

[6] Dazu näher *Heidemann:* Spontaneität und Zeitlichkeit — Ein Problem der Kritik der reinen Vernunft, S. 232, 237; *Lehmann:* Spontaneität und Zeitlichkeit, in: Kant-Studien, Bd. 51 (1959/60), S. 353 ff. (355, 359).

[7] Grundlegung zur Metaphysik der Sitten, Bd. IV, S. 421, 422 (*Vorländer* S. 43); vgl. auch Kritik der praktischen Vernunft, *Vorländer* S. 81.

1. Rechtfertigung der Vertragsbindung

Willensbestimmung[8] kann sich nämlich die Frage, warum jede Partei an ihre vielleicht nur einmalige Willensbestimmung bei Vertragsschluß gebunden und eine spätere Neubestimmung demgegenüber unbeachtlich sein soll, überhaupt nicht mehr stellen. Denn steht der verpflichtende Wille außerhalb der Zeitfolge, so ist jeder Vertrag wie ein Handgeschäft („gleich als *pactum re initum*"[9]) zu behandeln. Wird dagegen „das verpflichtende Ich mit dem verpflichteten in einerlei Sinn genommen ..., so ist Pflicht gegen sich selbst ein widersprechender Begriff"[10], so daß auch keine Selbstverpflichtung z. B. durch Vertrag begründet werden kann, „weil dann der Verbindende ... den Verbundenen ... jederzeit von der Verbindlichkeit ... lossprechen könnte"[11].

Demgegenüber begnügt man sich bei der Begründung der Vertragsbindung, soweit sie allein vom Vertrag im herkömmlichen Sinne erfolgt, häufig mit dem bloßen Hinweis auf den tatsächlichen Willen der Beteiligten: Die vertragliche Vereinbarung solle gelten, weil sie von den Parteien gewollt sei[12].

Die Anknüpfung von Rechtsfolgen an die Willensbestimmung bei Vertragsschluß sichert aber zunächst nur, daß den Parteien etwas zugesprochen wird, was sie wenigstens einmal — wenn auch vielleicht nur ein einziges Mal — gewünscht haben, so daß ihnen zumindest keine vollkommen fremde Verbindlichkeit angelastet wird. Ein Vorrang oder sogar eine Verbindlichkeit dieses einmaligen Begehrens vor allen späteren Launen und Wünschen folgt daraus nicht. Man müßte schon, wie *Hume*[13] bemerkt, einen der Transsubstantation vergleichbaren Vorgang annehmen, wenn aus dem momentanen Willen zur Verpflichtung auch tatsächlich eine Verbindlichkeit erwachsen soll. Dem steht aber entgegen, daß zumindest nach der sogenannten Willenstheorie der einzelne selbst bestimmen soll, was er will. „Gebunden" wäre er dann aber nur

---

[8] *Heinrichs*, aaO. (Anm. 3), S. 29.
[9] Metaphysik der Sitten, §§ 19 ff. Rechtslehre, Akademie Ausgabe Bd. VI, S. 272 ff. (*Vorländer* S. 85 ff.), Zitat: Akademie Ausgabe, aaO., S. 273 (*Vorländer* S. 86); vgl. auch Metaphysik der Sitten, Akademie Ausgabe, aaO., S. 254 u. S. 248 (*Vorländer* S. 62 f., 54 f.).
[10] Metaphysik der Sitten, Akademie Ausgabe, Bd. VI, S. 417 (*Vorländer* S. 261).
[11] Wie Anm. 10.
[12] Zu den verschiedenen Theorien zur Willenserklärung, von denen im einzelnen nur einige hervorgehoben zu werden brauchen, und zum derzeitigen Meinungsstand siehe u. a.: *Pawlowski*: Rechtsgeschäftliche Folgen nichtiger Willenserklärungen, S. 169 ff. (und Anm. 49 ff. sowie §§ 8 ff.); *Schmidt-Salzer*: Subjektiver Wille und Willenserklärung, in: JR 1969, S. 281 ff. (insbes. S. 282 und Anm. 18 ff.); *Bailas*: Das Problem der Vertragsschließung, S. 84 ff.; *Flume*: Rechtsgeschäft, § 5 (S. 62 ff.).
[13] *Hume*: Treatise on human nature, 3. Buch, 2. Teil, Abschn. V (Ed. Green/ Grose S. 292).

so lange, wie ein entsprechender Wille wirklich besteht[14]. Bliebe er entgegen seinem jetzigen Willen an ein früher geäußertes Begehren gebunden, so wäre ihm nunmehr seine so verstandene Selbstbestimmung gerade genommen[15]. Aus dem momentanen Willen zur Bindung folgt noch keine Bindung des Willens[16]. Vom „tatsächlichen" (empirischen) Willen aus ist die Verbindlichkeit des Vertrages nicht zu begründen[17].

Im Unterschied dazu finden sich in der Rechtsprechung — also gerade in Lagen, in denen Bestehen und Umfang der Vertragsbindung streitig sind und in denen daher der Vertragsbegriff seine Leistungsfähigkeit zu erweisen hat — Formulierungen, die nicht oder zumindest nicht allein den tatsächlichen Willen der Parteien zur Richtschnur nehmen. Hingewiesen sei hier nur auf einzelne Meinungen und Entscheidungen zur Gültigkeit von Verträgen bei Nichtigkeit einzelner Vertragsklauseln (§ 139 BGB) und zur ergänzenden Vertragsauslegung. Schon bei der Auslegung von Verträgen wird nicht allein der „tatsächliche" Wille der Parteien, sondern auch der „vernünftige" Wille — sei es lediglich als Beweisregel[18], sei es als ein gegenüber dem „wirklichen" Willen gleichberechtigtes[19] oder sogar vorrangiges Kriterium[20] — berücksichtigt. Letzteres gilt vor allem für die ergänzende Vertragsauslegung[21]. Bei der Frage der Fortgeltung des Restvertrages trotz Nichtigkeit einzelner Vertragsklauseln beginnt die Rechtsprechung — wie *Sandrock* kritisch bemerkt — „die Autorität der Privatautonomie ‚auf kaltem Wege' zu untergraben"[22] und — „objektive Elemente in die Interpretation des

---

[14] u. a. *Nelson*: Vorlesungen über die Grundlagen der Ethik, Bd. 1, Kritik der praktischen Vernunft, S. 158 (§ 97).

[15] Vgl. u. a. *Schloßmann*: Der Vertrag, S. 80 ff.; *Bydlinski*: Privatautonomie und objektive Grundlagen des verpflichtenden Rechtsgeschäfts, S. 68, 69.

[16] *Ehrenzweig*: Über den Rechtsgrund der Vertragsverbindlichkeit, S. 11.

[17] So neben den in Anm. 13—16 genannten Autoren u. a.: *Liebe*: Die Stipulation und das einfache Versprechen, S. 71 ff.; *Lunstedt*: Die Unwissenschaftlichkeit der Rechtswissenschaft, 2. Bd., 1. Teil, S. 140; *Pawlowski*: Rechtsgeschäftliche Folgen nichtiger Willenserklärungen, S. 219 ff.

[18] So z. B. *Erman-Westermann*: Handkommentar zum Bürgerlichen Gesetzbuch, Bd. I, Vorbem. 2 vor § 104 (S. 107).

[19] Vgl. u. a.: *Lüderitz*: Auslegung von Rechtsgeschäften, S. 341, 342 m. w. N. S. 343 ff.; *Staudinger-Coing*: Kommentar zum Bürgerlichen Gesetzbuch, Vorbem. 2 d vor § 104 (S. 496).

[20] Vgl. u. a. *Larenz*: Ergänzende Vertragsauslegung und dispositives Recht, in: NJW 1963, S. 737 ff. (739); BGH v. 30. 9. 1952 - I ZR 31/52 -, in: BGHZE, Bd. 7, S. 231 (235 m. w. N.); BGH v. 14. 4. 1953 - I ZR 152/52 -, in: BGHZE, Bd. 9, S. 221 ff. (223); BGH v. 22. 11. 1955 - I ZR 218/53 -, in: BGHZE, Bd. 19, S. 110 ff. (112, 113).

[21] Vgl. dazu *Heckel*: Die ergänzende Vertragsauslegung, in: AcP 159 (1960/61), S. 106 ff. (108); *Alexander Lüderitz*, aaO. (Anm. 19), S. 342, 343, 355 ff. m. w. N.; BGH v. 18. 12. 1954 - II ZR 76/54 -, in: BGHZE, Bd. 16, S. 71 ff. (76).

[22] *Sandrock*: Subjektive und objektive Gestaltungskräfte bei der Teilnichtigkeit von Rechtsgeschäften, in: AcP 159, S. 481 ff. (Zitat: S. 483); vgl. auch *Pierer von Esch*: Teilnichtige Rechtsgeschäfte, S. 76 ff.

§ 139 BGB hineinzuschmuggeln", indem der Richter nur noch danach fragt, was die Parteien vernünftigerweise[23] gewollt hätten[24]. Maßgebend ist der Wille eines „vernünftigen Menschen ohne besondere Launen"[25].

Eine in dieser Weise geläuterte Selbstbestimmung wird auch im Rahmen der Geschäftsfähigkeit und bei der Rechtfertigung der Privatautonomie häufig in irgendeiner Weise herangezogen[26]. Entsprechendes gilt für die in der Privatautonomie vorausgesetzte[27] und heute[28] wieder stärker betonte Verantwortlichkeit der Vertragsparteien oder auch für die Abgrenzung vertraglicher Verpflichtungen von bloßen Gefälligkeiten, wobei sich die Beispiele weiter vermehren ließen.

Im Ergebnis finden sich demnach auch in der Rechtsprechung häufig Formulierungen, die in Richtung auf die einleitend zur Begründung kurz skizzierte *Kantsche* Rechtslehre weisen, wonach zumindest für die Dauer des Vertrages eine von momentanen Gemütsbestimmungen, zufälligen Launen und Privatabsichten geläuterte, dauerhafte Willensbestimmung der Vertragspartner Voraussetzung für eine Geltung des vertraglichen Übereinkommens ist.

2. Verschiedene Hinsichten der Rechtsbestimmung

Bei einem solchen von allen sinnlichen Gegebenheiten abgehobenen Willen eines *homo noumenon*[29] läßt sich allerdings nicht sagen, unter welchen empirischen Bedingungen er vorausgesetzt werden kann: „Unsere Zurechnungen können nur auf den empirischen Charakter bezogen werden. Wie viel aber davon reine Wirkung aus Freiheit, wie viel der bloßen Natur zuzuschreiben sei, kann niemand ergründen und

---

[23] So RG - II 74/27 - v. 18. 10. 1927, in: RGZE, Bd. 118, S. 218 (222).
[24] *Sandrock*, aaO. (Anm. 22), (Zitat: S. 484).
[25] So *Pawlowski:* Rechtsgeschäftliche Folgen nichtiger Willenserklärungen, S. 210; vgl. auch *Betti:* Der Typenzwang bei den römischen Rechtsgeschäften und die sogenannte Typenfreiheit des heutigen Rechts, S. 248 ff. (274).
[26] Dazu insbesondere *Pawlowski:* Rechtsgeschäftliche Folgen nichtiger Willenserklärungen, S. 241; vgl. auch *Fabricius:* Relativität der Rechtsfähigkeit, S. 31 ff., 37 ff.
[27] Für die ältere Lehre, soweit sie sich auf Kant berief, war dieser Zusammenhang selbstverständlich. Vgl. zur Entwicklung in einzelnen *Conrad:* Individuum und Gemeinschaft in der Privatrechtsordnung des 18. und beginnenden 19. Jahrhunderts, insbes. S. 21 ff.
[28] *Flume:* Rechtsgeschäft und Privatautonomie, in: 100 Jahre deutsches Rechtsleben, Festschrift zum 100jährigen Bestehen des Deutschen Juristentages 1860—1960, Bd. 1, S. 135 ff. (159 ff.); ders.: Rechtsgeschäft, S. 61 ff.; *Ballerstedt:* Wirtschaftsverfassungsrecht, in: Die Grundrechte, Bd. III 1, S. 67.
[29] Metaphysik der Sitten, § 3 der Tugendlehre, Akademie Ausgabe, Bd. VI, S. 418 (*Vorländer* S. 262, 263).

daher auch nicht nach völliger Gerechtigkeit richten[30]." Im Ergebnis kann also die Bindung der Vertragsparteien an ihre Vereinbarung — vom Vertrage aus — nur unter der Voraussetzung eines intelligiblen Charakters gerechtfertigt werden. Diese Begründung erfolgt aber unter Bedingungen, die keinen Schluß auf irgendwelche empirische Daten zulassen.

Die fehlende Möglichkeit, an Hand empirischer Bedingungen mit Notwendigkeit festzustellen, ob eine Willensbestimmung, die eine vertragliche Bindung rechtfertigen könnte, vorliegt, berechtigt allerdings nicht dazu — wie später geschehen[31] —, nahezu jedes beliebige Parteiabkommen als Vertrag mit unbedingter Verbindlichkeit zu qualifizieren. Dabei würde gerade die exzeptionelle Lage, in der diese vertragliche Bindung schlüssig begründet werden kann, außer acht gelassen und alltägliche Vorgänge mit Maßstäben, die nur unter außergewöhnlichen Bedingungen gerechtfertigt sein mögen, gemessen werden:

Die *Kant*sche Rechtfertigung erfolgt auf der Ebene einer Gesetzgebung für alle vernünftigen Wesen — ein Adressatenkreis also, den in diesem Umfang kein wirklicher, jedenfalls kein staatlicher Gesetzgeber zu erreichen sucht. Unter der Hinsicht einer so umfassenden Gesetzgebung wird von allen empirischen Bedingungen abgesehen. Hier „gibt die Vernunft nicht demjenigen Grunde, der empirisch gegeben ist, nach, und folgt nicht der Ordnung, so wie sie sich in der Erscheinung darstellt, sondern macht sich mit völliger Spoantaneität eine eigene Ordnung nach Ideen, in die sie die empirischen Bedingungen hineinpaßt"[32]. Durch Abstraktion[33] von allem Erfahrbaren und nur noch in Analogie zum empirischen Gebrauch der Verstandesbegriffe[34] entwirft sie ein eigenes Reich der Zwecke, „eine praktische Idee, um das, was nicht da ist, aber durch unser Tun und Lassen wirklich werden kann, und zwar eben dieser Idee gemäß zustande zu bringen"[35].

---

[30] Kritik der reinen Vernunft, A 551 Anm., B 579 Anm. (bei *Meiner* S. 536 Anm.); vgl. auch: Grundlegung zur Metaphysik der Sitten, Akademie Ausgabe, Bd. IV, S. 407 (*Vorländer* S. 26); Metaphysik der Sitten, Tugendlehre, Akademie Ausgabe, Bd. VI, S. 392 f., 447 (*Vorländer* S. 234, 301); Kritik der praktischen Vernunft, *Vorländer* S. 55 f.
[31] *Pawlowski*: Rechtsgeschäftliche Folgen nichtiger Willenserklärungen, S. 243 ff., 245 m. w. N.
[32] Kritik der reinen Vernunft, A 548, B 576 (bei *Meiner* S. 534).
[33] Vgl. z. B. Kritik der reinen Vernunft, A 808, B 836 (bei *Meiner* S. 730).
[34] Vgl. u. a.: Kritik der reinen Vernunft, B 425, B 431 (bei *Meiner*, S. 423 b, 435 b); A 566, A 665, A 674, A 675, A 678, A 698, A 700, B 594, B 693, B 702, B 703, B 706, B 726, B 728 (bei *Meiner* S. 548, 622, 628, 629, 631, 646, 647); dazu näher *Heidemann*: Spontaneität und Zeitlichkeit, S. 189, 205.
[35] Grundlegung zur Metaphysik der Sitten, Akademie Ausgabe, Bd. IV, S. 436 Anm. (*Vorländer* S. 60 Anm.).

Erfolgt demnach diese Rechtsbestimmung und damit auch die oben wiedergegebene Rechtfertigung der Verbindlichkeit des Vertrages unter der Hinsicht eines gesetzgeberischen Willens, so gilt diese Rechtfertigung zugleich auch *nur für diese Lage: Kant* hat nicht unbedingt zu der später erfolgenden Identifizierung des vernünftigen Willens mit dem empirischen Willen Veranlassung gegeben[36]. Zwar muß praktische Philosophie das Vernünftige „auch wirklich ... machen"[37]. Doch verpflichtet das nicht dazu, jede empirische Gegebenheit als vernünftig auszuweisen oder umgekehrt bis zu dieser Verwirklichung zu warten — zumal diese Verwirklichung doch wiederum empirisch ist[38]. Vielmehr muß die Vernunft die „Kausalität in Anerkennung des Willens in der Sinnenwelt ... auf bestimmte Weise erkennen, denn sonst könnte praktische Vernunft wirklich keine Tat hervorbringen"[39].

Dieses Eingehen auf die Wirklichkeit — z. B. im Hinblick auf die Verschiedenheit der Einzelnen nach ihrem „kultivierten oder rohen Zustand", „nach Verschiedenheit der Stände, des Alters, des Geschlechts, des Gesundheitszustandes, des der Wohlhabenheit oder Armut"[40] — vergleicht *Kant* mit dem Überschritt von der Metaphysik der Natur

---

[36] Vgl. aber *Pawlowski:* Rechtsgeschäftliche Folgen nichtiger Willenserklärungen, S. 245. Eine solche Gleichsetzung des empirischen mit dem reinen Willen ist auch nicht bei der strafrechtlichen Zurechnung eher möglich: Schon in der Bestimmung einer äußeren Begebenheit als tatbestandsmäßiges Verhalten wird ein entsprechendes Verhalten vorausgesetzt. Dazu eingehend: *Heinrichs:* Das Problem der Zeit in der praktischen Philosophie Kants, S. 70 ff. (72).

[37] Kritik der reinen Vernunft, B IX f. (bei *Meiner* S. 15); vgl. auch Kritik der praktischen Vernunft, Akademie Ausgabe, Bd. V, S. 74 (*Vorländer* S. 51).

[38] Alle Begebenheiten in der Sinnenwelt — und damit auch Handlungen — lassen sich nach Naturgesetzen erklären. So gesehen (vgl. dazu z. B. Kritik der reinen Vernunft, A 554 f., B. 582 f. — bei *Meiner* S. 539 — hinsichtlich der Lüge) scheint die Vereinigung eines möglichen Reichs der Zwecke mit einer kausal determinierten Sinnenwelt ausgeschlossen zu sein. Es fehlt der bei einer Verwirklichung vorausgesetzte offene Bericht des Handelns. Doch finden sich in der 2. Auflage der Kritik der reinen Vernunft einschränkende Formulierungen, die im Sinne einer Abgrenzung der denkenden Natur und des Lebendigen von der unbelebten, äußeren Natur — dem irreflexiven Gegenstand — gedeutet werden können (vgl. die Nachweise bei *Heidemann:* Prinzip und Wirklichkeit in der Kantischen Ethik, Kant-Studien, Bd. 57 [1966], S. 230 ff., 238 f.; zur Mehrdeutigkeit des Gegenstandes auch unten S. 98. Ein solches Verständnis hat zur Folge, daß die Grundsätze des reinen Verstandes — zumindest soweit sie die Analytik des Daseins betreffen — eine unbedingte Geltung nur für die Wirklichkeit beanspruchen können, die sich an allem Daseienden unter der Hinsicht äußerer Wahrnehmung zeigt (*Heidemann*, aaO., Kant-Studien 57, S. 235 ff.) und eine Ergänzung durch empirische Prinzipien nach der jeweiligen Eingrenzung des „Horizonts" im Hinblick auf bestimmte Bereiche erfahren (*Heidemann*, aaO., Kant-Studien 57, S. 238).

[39] Kritik der praktischen Vernunft, *Vorländer* S. 59.

[40] Metaphysik der Sitten, Tugendlehre, Akademie Ausgabe, Bd. VI, S. 468 f. (*Vorländer* S. 329).

zur Physik[41]: „Gleichwie von der Metaphysik der Natur zur Physik ein Überschritt, der seine besonderen Regeln hat, verlangt wird: so wird der Metaphysik der Sitten ein Ähnliches mit Recht angesonnen: nämlich durch Anwendung reiner Pflichtprinzipien auf Fälle der Erfahrung jene gleichsam zu schematisieren und zum moralisch-praktischen Gebrauch fertig darzulegen"[42].

Eine nähere Ausarbeitung der Anwendung reiner Pflichtprinzipien auf Fälle der Erfahrung, die nach *Kant* zur Vollständigkeit der Darstellung eines Systems der Ethik[43] und der praktischen Philosophie überhaupt[44] gehört, fehlt allerdings. Doch hat er die Anwendung z. B. in der Rechtslehre an zahlreichen Rechtsbegriffen durchgeführt und dabei das Verfahren durch entsprechende Zusätze immer wieder erläutert.

Schon die selbständige Begründung der Rechtslehre in der Metaphysik der Sitten ist ein Beispiel für ein schrittweises Sich-Einlassen mit empirischen Gegebenheiten. Obwohl das Verfahren der praktischen Philosophie — im Unterschied zur theoretischen Philosophie — gerade darin besteht, alle Bedingungen der Anschauung „wegzuschaffen", um den rechtlichen Begriff über den empirischen hinaus zu erweitern[45] — ein Vorgehen, das auch dem der Kritik der praktischen Vernunft entspricht[46] —, wird bei der Begründung der Rechtslehre von der äußeren Grundsituation des Menschen, seinem Dasein auf einer Erdkugel mit einer begrenzten Oberfläche nicht abstrahiert, diese äußere Bedingung vielmehr gerade in einer Rechtslehre vorausgesetzt, „weil, wenn sie (die Erdfläche) eine unendliche Ebene wäre, die Menschen sich darauf so zerstreuen könnten, daß sie in gar keine Gemeinschaft miteinander kämen"[47]. Bei einer unbegrenzten Menge von Gebrauchs-

---

[41] Metaphysik der Sitten, Rechtslehre, Akademie Ausgabe, Bd. VI, S. 217 (*Vorländer* S. 18); Metaphysik der Sitten, Tugendlehre, Akademie Ausgabe, Bd. VI, S. 468 (*Vorländer* S. 328 f.).

[42] Metaphysik der Sitten, Tugendlehre, Akademie Ausgabe, Bd. VI, S. 468 (*Vorländer* S. 328 f.).

[43] Metaphysik der Sitten, Tugendlehre, Akademie Ausgabe, Bd. VI, S. 469 (*Vorländer* S. 329).

[44] Zu zahlreichen Ansätzen einer näheren Darstellung der Anwendung praktischer Prinzipien auf die Wirklichkeit: *Heidemann:* Prinzip und Wirklichkeit in der Kantischen Philosophie, Kant-Studien, Bd. 57 (1966), S. 230 ff.

[45] Vgl. u. a.: Metaphysik der Sitten, §§ 7, 19, Rechtslehre, Akademie Ausgabe, Bd. VI, S. 252, 255 u. 273 (*Vorländer* S. 60, 64 u. 86).

[46] Dazu *Heidemann:* Prinzip und Wirklichkeit in der Kantischen Philosophie, Kant-Studien, Bd. 57 (1966), S. 230 ff., 247.

[47] Metaphysik der Sitten, § 13 Rechtslehre, Akademie Ausgabe, Bd. VI, S. 262 (*Vorländer* S. 73); vgl. auch den Schluß des § 11 der Rechtslehre, aaO., S. 261 (*Vorländer* S. 72). Zum „Dasein auf Erden" als äußerer Grundsituation, die die Rechtslehre trotz Abstraktion von sonstigen empirischen Bedingungen voraussetzt: *Heidemann,* aaO. (Anm. 46), S. 247 f.

2. Verschiedene Hinsichten der Rechtsbestimmung 47

gütern bedürfte es keiner rechtlichen Zuordnung. Dementsprechend bezeichnet *Kant* den ursprünglichen Gesamtbesitz[48] an der Erde als einen „praktische(n) Vernunftsbegriff, der a priori das Prinzip enthält, nach welchem allein die Menschen den Platz auf Erden nach Rechtsgesetzen[49] gebrauchen können"[50].

Ein weiterer Schritt in Richtung auf die empirische Mannigfaltigkeit erfolgt z. B. im Rahmen des Vertragsrechts bei der Unterscheidung des Vertragsschlusses[51] von der Übergabe. Durch den Vertragsschluß erwirbt der Versprechensempfänger den „Besitz der Willkür eines anderen zu einer bestimmten Tat"[52], durch die Übergabe dagegen die Leistung selbst[53]. Berücksichtigt man aber, daß bei einer intelligiblen Bestimmung von allen sinnlichen Bedingungen des Raumes und der Zeit abstrahiert wird[54], so könnte auch noch von der Zeitdifferenz zwischen Vertragsschluß und Übergabe abgesehen werden mit der Folge, daß

---

[48] Entsprechendes gilt für die Stiftung eines neuen Gesamtbesitzes („gestifteter Gesamtbesitz": Metaphysik der Sitten, Rechtslehre, Akademie Ausgabe, Bd. VI, S. 261, 251 — *Vorländer* S. 71 f., 58).

[49] Allerdings ließe sich auch noch von der empirischen Bedingung des „Daseins auf Erden" (Metaphysik der Sitten, §§ 11, 13 Rechtslehre, Akademie Ausgabe, Bd. VI, S. 261, 262 — *Vorländer* S. 27, 28) absehen, ohne dieses Faktum zu leugnen. Vorausgesetzt wird dann, auf eine Bestimmung nur des *äußeren* Mein und Dein zu verzichten. Solange lediglich nach einer Übereinstimmung der äußeren Handlung mit der Freiheit jedermanns gefragt wird (so im Rahmen der Rechtslehre: Metaphysik der Sitten, § C Einleitung zur Rechtslehre, Akademie Ausgabe, Bd. VI, S. 231 — *Vorländer* S. 35), bleibt die Bewertung an der Zuweisung äußerer Gegenstände zum ausschließlichen Privatgebrauch einzelner Personen und damit an der empirischen Bedingung der Begrenztheit vorhandener äußerer Gegenstände gegenüber einem unbegrenzten Begehrungsvermögen der Einzelnen orientiert. Soll dagegen von dieser empirischen Bedingung abgesehen werden, ohne das Faktum einfach zu leugnen, so muß an die Stelle der „Auseinandersetzung" und Abgrenzung der Einzelnen die Maxime der Handlung mitberücksichtigt werden. Das ist aber in einem streng urteilenden Verfahren, das Alles und Jedes zum Gegenstand macht (vgl. auch unten VI 2, bei Anm. 8) gar nicht möglich. Anders verhält es sich aber in dem Maße, wie auf die im Urteil vorausgesetzte höchste Verallgemeinerung verzichtet und das in Frage stehende Tun nicht als Gegenstand beurteilt, sondern — z. B. unter Mitwirkung des Betroffenen — erörtert wird. Nur kann dies nicht mehr Teil einer Rechtslehre sein, solange darunter — weil sie „rein" sein soll — lediglich die Übereinstimmung der äußeren Handlung mit der Freiheit jedermanns verstanden wird.

[50] Metaphysik der Sitten, § 13 Rechtslehre, Akademie Ausgabe, Bd. VI, S. 262 (*Vorländer* S. 24).

[51] Metaphysik der Sitten, Rechtslehre, Akademie Ausgabe, Bd. VI, S. 274 ff. (*Vorländer* S. 88).

[52] Vgl. z. B. Metaphysik der Sitten, §§ 4 (b), 18, aaO., S. 248, 271 (*Vorländer* S. 55, 83).

[53] Metaphysik der Sitten, § 21 Rechtslehre, Akademie Ausgabe, Bd. VI, S. 274 (*Vorländer* S. 88).

[54] Vgl. oben III 1., bei Anm. 8 und spez. zum Zeitraum zwischen „Versprechen" und „Anerkennung": Metaphysik der Sitten, § 19 Rechtslehre, aaO., S. 254 (*Vorländer* S. 63).

der Versprechensempfänger durch das Versprechen nicht nur ein persönliches, sondern ein dingliches Recht am Vertragsgegenstand erwerben würde[55]. Dadurch wäre zugleich die Gefahrtragung eindeutig — wenn auch einseitig zu Lasten des Erwerbers — fixiert, und kein Gericht brauchte über die unsichere Bedingung Mutmaßungen anzustellen, ab wann die Gefahr auf den Erwerber übergeht, weil er die Abnahme der Leistung verzögert[56].

Eine noch stärkere Beachtung empirischer Gegebenheiten wird vorausgesetzt, wenn das Recht nicht unter „objektiver Hinsicht" — „was jemand für sich selbst mit gutem Grund für Recht erkennt"[57] —, sondern unter „subjektiver Hinsicht" — „nach der Konvenienz eines Gerichtshofes"[58] — bestimmt wird. Im Unterschied zu den bisher kurz gestreiften Bestimmungen ist nämlich der Richter genötigt, sich an feste Anhaltspunkte zu halten, „weil ihm sonst das Rechtsprechen unendlich erschwert oder gar unmöglich gemacht werden würde"[59], so daß er durch „statuarische Gesetze" (d. h. nach solchen eines „öffentlichen Gesetzgebers"[60]) so gestellt werden muß, daß er „das Seine einem jeden am leichtesten und unbedenklichsten zuerkennen" kann[61].

Einer weiter ins einzelne gehenden Darstellung des schrittweisen Eingehens auf die Wirklichkeit bedarf es hier nicht. Bedeutsam ist nur, daß die schlüssige Rechtfertigung einer unverbrüchlichen Vertragsbindung, wie sie in der Kantschen Rechtslehre enthalten ist, nur unter der Hinsicht einer Gesetzgebung für alle vernünftigen Wesen, nicht aber im selben Maße für die Rechtsbestimmung unter wandelbaren empirischen Bedingungen — wie z. B. unter gerichtlicher Hinsicht — erfolgt. Vielmehr warnt Kant ausdrücklich vor einer solchen Gleichsetzung:

„Es ist ein gewöhnlicher Fehler der Erschleichung ... der Rechtslehrer, dasjenige rechtliche Prinzip, was ein Gerichtshof zu seinem

---

[55] Vgl. Metaphysik der Sitten, § 20 Rechtslehre, aaO., S. 274 (*Vorländer* S. 87). So stellt sich der Mietvertrag je nach der leitenden Hinsicht als Sachen- oder als persönliches Recht dar: Metaphysik der Sitten, § 39 Rechtslehre, aaO., S. 303 (*Vorländer* S. 124).

[56] Zu dieser Lage: Metaphysik der Sitten, Anm. § 20 Rechtslehre, aaO., S. 274 (*Vorländer* S. 87 f.).

[57] Metaphysik der Sitten, II. Anh. zur Einl. der Rechtslehre, Akademie Ausgabe, Bd. VI, S. 236 (*Vorländer* S. 41); vgl. auch §§ 36 ff. Rechtslehre, aaO., S. 297, 300, 302 f., 304 (*Vorländer* S. 116 f., 120, 123, 125).

[58] Metaphysik der Sitten, § 39 Rechtslehre, aaO., S. 301 (*Vorländer* S. 121), sowie die Nachweise in Anm. 57.

[59] Metaphysik der Sitten, § 37 Rechtslehre, aaO., S. 298 (*Vorländer* S. 118); vgl. auch §§ 38, 39 Rechtslehre, aaO., S. 300, 302 ff. (*Vorländer* S. 122, 124).

[60] Metaphysik der Sitten, Einl. B u. § 43 Rechtslehre, aaO., S. 237, 311 (*Vorländer* S. 43, 124).

[61] Metaphysik der Sitten, § 39 Rechtslehre, aaO., S. 303 (*Vorländer* S. 124).

eigenen Behuf (also in subjektiver Absicht) anzunehmen befugt, ja sogar verbunden ist, um über jedes einem zustehende Recht zu sprechen und zu richten, auch objektiv für das, was an sich selbst recht ist, zu halten; da das erstere doch von dem letzteren sehr unterschieden ist. Es ist daher von nicht geringer Wichtigkeit, diese spezifische Verschiedenheit kennbar und darauf aufmerksam zu machen"[62].

3. Die Schlußlage des Vertrages

a) Die Reduktion von Personenbeziehungen auf Vertragsbeziehungen

Im weiteren wurde diese Differenzierung nach verschiedenen Hinsichten der Rechtsbestimmung mit einem schrittweisen Erfassen der Wirklichkeit vernachlässigt und alle Beziehungen unabhängig von der Lage der Betroffenen auf Vertragsbeziehungen reduziert[63]. Ein Beispiel für die Gleichsetzung empirischer Gegebenheiten mit intelligiblen Bestimmungen gibt der Begriff der Persönlichkeit. Während Kant — entgegen dem heute vorherrschenden Verständnis, wie es sich z. B. auch in Art. 2 Abs. 1 GG findet — diesen Begriff noch in der Bedeutung gebraucht, der seiner Bildung mit dem Suffix „-keit" entspricht[64] und daher unter „Persönlichkeit" das Allgemeine, die Menschheit in der Person des Einzelnen, versteht[65], wird im späteren Verständnis „die Ehre, die Kant dem Prinzip der Menschheit zollt, ... selbstgefällig vom Einzelnen eingeheimst. Anstatt, wie es im Sinne Kants läge, Persönlichkeit zu *haben*, *ist* man eine[66], an Stelle des intelligiblen Charakters in jedem Menschen, wird der empirische, der Mensch, wie er nun einmal geprägt ist, gesetzt"[67].

Vollzogen wurde diese Gleichsetzung — ohne daß diese häufiger behandelte Entwicklung hier eingehender nachgezeichnet zu werden

---

[62] Metaphysik der Sitten, § 36 Rechtslehre, Akademie Ausgabe, Bd. VI, S. 297 (*Vorländer* S. 117).

[63] Vgl. dazu u. a. *Pawlowski*: Rechtsgeschäftliche Folgen nichtiger Willenserklärungen, S. 245.

[64] Vgl. oben I 2. a), bei Anm. 35.

[65] Vgl. z. B. Kritik der praktischen Vernunft, *Vorländer* S. 102 (156/157).

[66] Schon das in der Kritik der reinen Vernunft behandelte Wissen des Einzelnen um die eigene Spontanität ist nicht einfach vorhandenes, bedarf vielmehr einer Hervorbringung: Es ist Vollzugsbewußtsein, das erst in Auseinandersetzung mit dem empirisch Dargebotenen, im Absehen von Erscheinungen, in Distanzierung vom Gegebenen gewonnen wird. Vgl. *Heimsoeth*: Persönlichkeitsbewußtsein und Ding an sich, in: Studien zur Philosophie I. Kants, S. 227 ff.; *Heidemann*: Spontaneität und Zeitlichkeit, S. 204 ff.; *Ballauff*: Über den Vorstellungsbegriff bei Kant, S. 52 ff.

[67] *Adorno*: Glosse über die Persönlichkeit, in: Integritas — Geistige Wandlung und menschliche Wirklichkeit, S. 186 ff.

braucht — mit der schrittweisen Durchsetzung der Vertragsfreiheit und Anerkennung der Vollrechtsfähigkeit jedes Einzelnen[68]. Er wurde aus überholten Statusverhältnissen entlassen, ohne sich bei nur formeller Rechtsgleichheit und Fehlen der im Vertrag vorausgesetzten Ebenbürtigkeit der Vertragspartner wenigstens die materiellen Lebensbedingungen durch Vertrag sichern zu können. Schon darin klingen empirische Bedingungen an, von denen zwar keine logisch zwingenden Schlüsse auf eine freie und dauerhafte Selbstbestimmung möglich sind, die aber immerhin eine solche wahrscheinlicher machen.

b) Die Lage der Willenserklärung und der Vertragsschluß

Deutlicher werden die empirischen Bedingungen, die bei der Reduktion der Personenbeziehungen auf Vertragsbeziehungen vorausgesetzt werden, bei dem Verständnis der Willenserklärung als die für den Vertragsschluß entscheidende Handlung der Parteien. Sie setzt nämlich eine besondere Lage voraus, die schon bei Savigny anklingt, wenn er diesen Begriff dahingehend charakterisiert, „... weil er (der Wille) ein inneres, unsichtbares Ereignis ist, bedürfen wir eines Zeichens, woran er von anderen erkannt werden könne, und dieses Zeichen, wodurch sich der Wille offenbart, ist ... die Erklärung"[69]. Der Wille erscheint als „die schöpferische Kraft des Rechtsgeschäfts"[70], dem der sprachliche Ausdruck nur irgendwie anhängt.

Nun setzt aber — wie bereits oben im Zusammenhang mit der Lage des Urteils an Hand der Untersuchungen von *Hans Lipps* gezeigt wurde [II 1. b), nach Anm. 12] — die Auffassung eines gesprochenen Wortes als eines Zeichens eine ganz ausgefallene Auslegung des Wesens der Sprache voraus, die nur in bestimmten Lagen berechtigt ist. Das Wort muß aus der Aktualität seines Gebrauchs im alltäglichen Leben herausgenommen, seiner Vielfalt, die es im Gespräch entfaltet, beraubt und auf „ideale" eindeutige Bedeutungen reduziert sein. Die Parteien müssen in ihren Willenserklärungen lediglich auf einen Bedeutungszusammenhang verweisen, der bereits geklärt ist. Die Zeichennatur der Willenserklärung läßt sich also nur bei einer der Schlußlage des Urteils [vgl. oben II 1. b), nach Anm. 12] vergleichbaren Lage behaupten[71].

---

[68] Dazu u. a.: *Rehbinder*, Status — Kontrakt — Rolle, in: Festschrift für E. Hirsch, S. 141 ff.
[69] *v. Savigny:* System des heutigen Römischen Rechts, Bd. III, § 134, Zitat: S. 258.
[70] *Stoll:* Vertrag und Unrecht, S. 48.
[71] Auch die sog. Erklärungstheorie setzt eine in diesem Sinne schlüssige, abgeklärte Lage, in der lediglich ein bereits feststehender Entschluß nur noch angezeigt zu werden braucht, voraus. Unterschiede bestehen primär ledig-

3. Die Schlußlage des Vertrages

In diesem Sinne wird unter dem Vertrags-„schluß" auch nicht die Beendigung eines Vertragsverhältnisses z. B. durch Erfüllung, sondern gerade der Anfang des Vertragsverhältnisses, seine Begründung durch die Parteien, verstanden. Diese Schlußlage des Vertrages setzte zudem ursprünglich das klärende Verfahren einer streitigen Auseinandersetzung voraus: „Vertragen" bedeutete eigentlich „Aussöhnen", „nach einem Streit Ruhe und Frieden herstellen"[72], und wird im älteren Gebrauch häufig mit Ausdrücken tautologisch zusammengestellt, die sich auf die Erreichung eines Vergleichs beziehen[73].

Diese Bedeutung schwingt noch heute im „Sichvertragen" mit. Nur wird bei „Vertrag" dieses tätige Zusammenwirken der Beteiligten auf das getätigte Ergebnis beschränkt[74]. Nunmehr ist nur noch der Vertrag ein Ausdruck für den von den Parteien vereinbarten Zustand: Der Streitpunkt wird —im Unterschied zum Urteil — durch die Parteien geklärt, ihre Beziehungen von hier aus geordnet, entgegengesetzte Interessen voneinander abgegrenzt, Rechte und Leistungen festgesetzt, insgesamt also Zukünftiges vorweggenommen und jedem Beteiligten ein Handlungsfeld eingeräumt. Bei diesem zu einem Ergebnis erstarrten „Sichvertragen" erschöpft sich die Verbundenheit zum Kontrahenten auf die Einhaltung des abgeschlossenen Übereinkommens[75]. Die im Vergleich zum Urteil bestehende größere Freiheit des Vertrages beruht hier auf der Differenz zweier Formen der Streitbeendigung: Der Richter muß in Ermangelung eines entsprechenden Übereinkommens der Parteien den Streit dadurch beenden, daß er ihre Auseinandersetzung im oben [II 2.] erläuterten Sinne vollendet.

Davon sind die Lagen zu unterscheiden, die keine Auseinandersetzung und Abgrenzung der Parteien beinhalten, wie z. B. das „Versprechen", das man einem anderen gibt und mit dem eine persönliche Verbundenheit begründet[76] wird. Auch der „Auftrag", der „übernom-

---

lich in bezug auf die rechtliche Relevanz von Wille und Erklärung. Nur bei der Rechtfertigung des Vorrangs der Erklärung vor einem inneren Willen beachtet die sog. Erklärungstheorie in stärkerem Maße den dabei vorausgesetzten Kommunikationsprozeß.

[72] *Jacob Grimm:* Deutsche Rechtsalterthümer, S. 600.

[73] Vgl. *Puntschart:* Schuldvertrag und Treuegelöbnis, S. 41 f. mit entsprechenden Nachweisen; vgl. auch *Siegel:* Das Versprechen als Verpflichtungsgrund im heutigen Recht, S. 2.

[74] Vgl. entsprechend: „Beitragen" zu „Beitrag". Zur Ablösung des Vorgangs und zu der damit bei der Substantivierung des Verbs zu einem Maskulinum verbundenen zeitlichen Begrenzung des Vorgangs (perfektiv auf einen Fall) *Brinkmann:* Die Deutsche Sprache, S. 26 f.

[75] *Lipps:* Bemerkungen über das Versprechen, in: Verbindlichkeit der Sprache, S. 97 ff. (106).

[76] Dazu eingehend *Lipps*, wie Anm. 75, insbes. S. 101 ff.; vgl. auch *Häusling:* Untersuchungen über das Wesen des Versprechens (mit besonderer Berücksichtigung der Arbeiten von *Hans Lipps* und *Gabriel Marcel*).

men", nicht aber „geschlossen" wird, kann nicht ohne weiteres in einen Vertrag umgedeutet werden[77].

Bei der juristischen Bestimmung des Vertrages hat vor allem Schmidt-Rimpler[78] den Prozeß der schrittweisen Klärung und Annäherung verschiedener Interessen unter dem Gesichtspunkt des freien Aushandelns der Vertragsbedingungen näher behandelt. Dem Zusammenspiel entgegengesetzter Interessen schreibt er nicht generell und ohne nähere Rechtfertigung die Eigenschaft zu, eine richtige und darüber hinaus allgemein verbindliche Ordnung hervorzubringen[79]. Lediglich der Umstand, Vorteile nur auf Kosten eigener Berechtigungen erwerben zu können, gewährleiste bis zu einem gewissen Grade eine sorgsame und überlegte Willensbestimmung der Parteien. Bekanntlich wäge man niemals sorgfältiger die individuelle Zweckmäßigkeit ab, als wenn es um eigene Nachteile oder Lasten gehe[80]. Ihre gemeinsame Willensbestimmung könne daher auch nur so weit verbindlich sein, wie die Parteien die für sie maßgebenden Umstände gekannt und richtig eingeschätzt haben und ihr Übereinkommen nicht Berechtigungen Dritter berühre[81].

4. Der Kauf als Prototyp des Vertrages

Das freie Aushandeln kann eine richtige Willensbestimmung nicht in jeder Lage sichern. Vor- und Nachteile lassen sich nur abschätzen, wenn die Vertragsparteien auch von ihrem Begehren absehen können, den

---

[77] Keine der genannten Lagen kann zum Ausgang genommen werden, um von hier aus alle Lagen, die z. B. unter den „Vertrag" subsumiert werden, zu erfassen. Ansätze in dieser Richtung finden sich aber z. B. auch bei *Bailas* (Das Problem der Vertragsschließung und der vertragsbegründende Akt, S. 70), der bei seiner Vertragsbegründung auf *Lipps* : „Bemerkungen über das Versprechen" Bezug nimmt. Bei Lipps werden aber das „Versprechen", die „Versicherung", der „Auftrag" u. a. voneinander abgehoben. Einzelne dieser Schritte, in denen sich Personen begegnen, zu „Schemata zu idealisieren", würde sie wiederum nicht als „Artikulation ihrer jeweiligen Lage" erfassen (Zitate: *Lipps*: Hermeneutische Logik, S. 12).

[78] *Schmidt-Rimpler*: Grundfragen der Erneuerung des Vertragsrechts, in: AcP 147 (1941), S. 130 ff.; ders.: Zum Problem der Geschäftsgrundlage, in: Festschrift für *Nipperdey* zum 60. Geburtstag, S. 1 ff.; vgl. weiter u. a. auch *Blomeyer*: Fortschritte der modernen Schuldrechtsdogmatik, in: AcP 154 (1955), S. 527 ff. (529); *Henckel*: Die ergänzende Vertragsauslegung, in: AcP 159 (1960/61), S. 106 ff. (113 ff.); *Sandrock*: Subjektive und objektive Gestaltungskräfte bei der Teilnichtigkeit von Rechtsgeschäften, in: AcP 159 (1960/61), S. 481 ff. (496).

[79] Geschäftsgrundlage, in: Festschrift *Nipperdey*, S. 6; Grundfragen, in: AcP 147, S. 157.

[80] Grundfragen, in: AcP 147, S. 130 ff. (151); Geschäftsgrundlage, in: Festschrift *Nipperdey*, S. 1 (6, 9 f.).

[81] Geschäftsgrundlage, in: Festschrift *Nipperdey*, S. 7, 10.

4. Der Kauf als Prototyp des Vertrages

Gegenstand also nicht z. B. zur Erfüllung gegenwärtiger Bedürfnisse um jeden Preis erwerben müssen. Schon der Ausdruck „Aushandeln" verweist in erster Linie auf eine besondere Lage, die des Kaufs. Dieser Vertragstyp entspricht auch materiell den Erfordernissen eines freien Aushandelns. Die Ware ist vor ihrer Veräußerung vollkommen entäußert. Sie liegt also bestenfalls in richtiger Form am richtigen Ort, so daß sie „wie besehen" übernommen werden kann. Zumindest lassen sich alle möglicherweise eintretenden Eventualitäten hinsichtlich Lieferzeit, Qualitätsminderung usw. ohne größere Schwierigkeiten überschauen und damit mögliche Streitpunkte vorwegregeln. So sind z. B. bei der Vertragsabwicklung auf Großmärkten oder Börsen die Lagen so weit abgeklärt, daß sich der Vertragsschluß ohne eine persönliche Begegnung der Vertragsparteien und ohne jede weitere Klärung auf den Austausch bloßer Zeichen reduzieren läßt: Die nach Qualität und Menge gekennzeichnete Ware wird zum jeweils automatisch angezeigten Preis durch ein entsprechendes Handzeichen oder einen Knopfdruck des Käufers erworben. In diesen Lagen ist die Willenserklärung tatsächlich auf ein bloßes Zeichen für einen feststehenden „inneren" Entschluß reduziert und die Vertragsdauer schon empirisch — im Sinne der Verlaufszeit — nahezu „zeitlos", so daß eine *noumenale* Bestimmung des Vertrages zur schlüssigen Begründung seiner Verbindlichkeit überflüssig erscheint, weil die Parteien in diesen Lagen gar keine Zeit haben, um noch zwischen Vertragsschluß und Erfüllung einen der Vertragsbindung widersprechenden Entschluß zu fassen. Der Vertrag stellt sich nicht nur wie, sondern als ein *„pactum re initum"* dar [vgl. oben III 1, nach Anm. 3].

Wie sehr gerade der Kauf das Musterbeispiel für die im Vertrag vorausgesetzte Lage ist, kommt auch in gesetzlichen Bestimmungen zum Ausdruck. Dabei mag die Stellung der Regelungen für Kauf und Tausch am Anfang des besonderen Schuldrechts im Bürgerlichen Gesetzbuch noch als äußerlich gewertet werden. Darüber hinaus sind aber Bestimmungen des allgemeinen Schuldrechts häufig aus dem Kauf-[82] und Handelsrecht übernommen worden. Für diese „Kommerzialisierung des Zivilrechts"[83] sind als Beispiele die Regelungen des allgemeinen Schuldrechts über den Rücktritt (§§ 346 ff BGB.) und die Wandlung (§§ 462 ff. BGB) zu nennen, die weitgehend dem Kaufrecht entlehnt worden sind[84]. Aus dem Handelsrecht — dem ADHGB — sind z. B. die Bestimmungen

---

[82] Vgl. *Flume:* Rechtsgeschäft, S. 32.
[83] So u. a.: *Rießer:* Der Einfluß Handelsrechtlicher Ideen auf den Entwurf eines bürgerlichen Gesetzbuchs für das deutsche Reich, S. 14 ff. und Anm. 3.
[84] Vgl. Motive II, S. 280 ff. (282); Prot. I, S. 790 ff.; *Heck:* Grundriß des Schuldrechts, § 52, 6 a, S. 155; *Glass:* Gefahrtragung und Haftung beim gesetzlichen Rücktritt, S. 9 f.

III. Die Zumutbarkeit in „Schlußlagen"

über die Vertragsschließung und Vertragsabwicklung in das BGB übernommen worden[85], ohne die Problematik der Verallgemeinerung einer sehr speziellen Lösung im einzelnen zu beachten[86].

Bedeutsam ist in diesem Zusammenhang auch der bewußte Verzicht auf andere Mittel zur Sicherung einer überlegten Willensbestimmung der Vertragsparteien. So wurde der Formzwang bei Rechtsgeschäften, der bis zur Einführung des BGB in Preußen aufgrund zahlreicher Einzelvorschriften[87] in Verbindung mit § 94 I 4, § 109 I 5 PrALR noch die Regel bildete[88] und in den Gebieten des *code civil* indirekt über die Beweisfrage bestand[89], im BGB durch den Grundsatz der Formfreiheit abgelöst[90], obwohl die Bedeutung des Formzwangs als eines Mittels zur Einstimmung[91] der Vertragsparteien auf eine geläuterte überlegte Gestimmtheit gesehen wurde: „... die Nothwendigkeit der Beobachtung einer Form ruft bei den Betheiligten eine geschäftsmäßige *Stimmung* hervor, weckt das juristische Bewußtsein, fordert zur besonnenen Überlegung heraus und gewährleistet die Ernstlichkeit der gefaßten Entschließung[92]."

Mit diesem Hinweis auf die älteren Formvorschriften soll nicht gesagt werden, daß diese Mittel auch heute noch im selben Maße geeignet sind, eine dauerhafte Gemütsbestimmung der Parteien wahrscheinlicher zu machen. Ganz im Gegenteil ist bei den heute üblichen Formularen z. B. das Erfordernis der Schriftlichkeit kein so geeignetes Mittel mehr wie

---

[85] *Rießer*, aaO. (Anm. 83), S. 32 ff., 37 ff., 44 ff., 53 ff., 56 ff.; *Wieacker:* Das Sozialmodell der klassischen Privatrechtsgesetzbücher und die Entwicklung der modernen Gesellschaft, S. 9.

[86] *Wieacker,* aaO. (Anm. 85), Anm. 11 zu S. 9 (29).

[87] Einen Überblick über die bei Einführung des PrALR bestehenden Vorschriften gibt *v. Rönne:* Ergänzungen und Erläuterungen des Allgemeinen Landrechts für die Preußischen Staaten, S. 95 (zu §§ 109 ff. I 5 PrALR m. w. N.); zur weiteren Entwicklung vgl. auch *Mugdan:* Die gesamten Materialien zum Bürgerlichen Gesetzbuch, Bd. I, S. 450 ff.

[88] *Mugdan,* aaO. (Anm. 87), S. 450, 451.

[89] Art. 1341 ff., 1353, 1715, 1834, 1923, 2044; 2085; vgl. *Mugdan,* aaO. (Anm. 87); *Rießer,* aaO. (Anm. 83), S. 37.

[90] Der über die endgültige Fassung des BGB noch hinausgehende Entwurf wurde aufgrund der Entschließungen des 22. Juristentages von Augsburg (September 1893) etwas revidiert, so hinsichtlich der Bürgschaft (§ 766 BGB), nicht aber hinsichtlich des Kreditauftrags (§ 778 BGB) und der Schuldübernahme (§§ 414 ff. BGB). Zum 2. Entwurf *Rießer:* Der Einfluß handelsrechtlicher Ideen auf den Entwurf eines bürgerlichen Gesetzbuchs für das deutsche Reich, S. 36 f. (Anm. 2).

[91] Zu dem Wort „Einstimmung" vgl. schon *Kant* u. a. in: Kritik der reinen Vernunft, A 738/739, B 767/768 (bei *Meiner* S. 677); vgl. dazu auch *Habermas:* Öffentlichkeit, S. 122.

[92] Motive I, S. 179; *Mugdan:* Materialien I, S. 451.

zu einer Zeit, als die gesamte Urkunde für den Einzelfall — häufig sogar noch handschriftlich — durch oder wenigstens in Gegenwart der Beteiligten aufgesetzt wurde. Heute dagegen, wo Vertreter unter irgendwelchen Vorwänden Unterschriften unter umfangreiche Schriftstücke erhalten, sind andere Sicherungsmittel — z. B. das Erfordernis einer länger anhaltenden Parteientschließung, das für Abzahlungsgeschäfte, die zwischen Tür und Angel abgeschlossen werden, in Form der Zubilligung eines Widerrufsrechts für den Käufer binnen einer Woche vorgeschlagen worden ist[93] — in diesen Lagen brauchbarer.

5. Die Zumutbarkeit außerhalb „schlüssiger" Vertragslagen

Gerade in Lagen, die im Vergleich zum Kauf weniger „schlüssig" sind, ohne daß durch weitere Mittel eine dauerhafte Entschließung der Parteien gesichert wird, gewinnt heute die Zumutbarkeit immer wieder Bedeutung. In diesem Sinne führt schon das *Reichsgericht* — wenn auch nicht speziell zur Zumutbarkeit, sondern allgemein über die Bedeutung von „Treu und Glauben" im Vertragsrecht — aus:

„Nur mit ... Einschränkung gilt der Satz: Verträge sind einzuhalten. Was Treu und Glauben und die Rücksicht auf die Verkehrssitte bei der Ausgestaltung der Leistungspflicht erfordern, läßt sich nicht ... für alle Verträge gleichmäßig bestimmen. Bei handelsrechtlichen Umsatzgeschäften und überhaupt bei Verträgen, die nicht durch ein persönliches Band unter den Vertragsparteien gekennzeichnet sind, wird der Grundsatz der Verpflichtung zur Vertragserfüllung in aller Regel dazu führen, die Vertragsparteien strenger an den Buchstaben der Vertragsabrede festzuhalten, als bei Verträgen, die nicht auf den Umsatz von Ware und Geld gerichtet sind ...[94]."

---

[93] Vgl. § 1 b des Entwurfs eines Gesetzes zur Änderung des Abzahlungsgesetzes (Drs. Bundestag V 2309, 4578), der insoweit in der V. Legislaturperiode des Bundestages noch nicht Gesetz geworden ist (Drs. Dt. Bundestag V 4521, 4588):
„Ist der Käufer durch mündliche Verhandlungen außerhalb der ständigen Geschäftsräume des Verkäufers dazu bestimmt worden, eine auf Abschluß eines Abzahlungsgeschäftes gerichtete Willenserklärung abzugeben, so ist er an diese Erklärung nur gebunden, wenn er sie nicht dem Verkäufer gegenüber binnen einer Frist von einer Woche schriftlich widerruft; ..." Tatsächlich verabschiedet worden sind dagegen schon die gleichartigen Regelungen in § 11 Abs. 1 des Auslands-Investment-Gesetzes vom 28. 7. 1969 (BGBl. I S. 986) und in § 23 Abs. 1 des Gesetzes über Kapitalanlagegesellschaften i. d. F. vom 14. 1. 1970 (BGBl. I S. 128).
[94] RG Urt. v. 30. 4. 1935 - II 291/34 -, in: RGZE Bd. 148, S. 81 (90).

III. Die Zumutbarkeit in „Schlußlagen"

Der Raum für eine Anwendung auch der Zumutbarkeit vergrößert sich in dem Maße, wie die Personenbeziehungen nicht von einem „Vertragen" zu einem „Vertrag" verkürzt sind und die Leistung noch nicht vom Zumutesein der Beteiligten abgehoben ist:

Das gilt zum Teil schon für stärker verzeitlichte Lagen des Kaufvertrages, soweit der Vertragsschluß oder die Erfüllung und damit die Vertragsdauer im Vergleich zum Handgeschäft weniger „zeitlos" ist. Hingewiesen sei insoweit nur auf die Bedeutung des Gesichtspunkts der Zumutbarkeit im Rahmen der „culpa in contrahendo" und der Unmöglichkeit der Leistung, der Frage der adäquaten Schadensverursachung, des Rücktritts von Sukzessivlieferungsverträgen usw.

Im größeren Maße gilt das für Fälle, bei denen im Zeitpunkt des Vertragsschlusses die Leistung noch nicht gegenständlich vorliegt, sei es, daß der Leistungsgegenstand — wie beim Werkvertrag — erst hervorgebracht werden muß, sei es — wie beim Arbeits- und häufig auch beim Gesellschaftsvertrag —, daß die Leistung nicht mehr im selben Maße in einem gegenständlich bestimmbaren Anspruch besteht, oder sei es — wie vor allem bei der Wohnungsmiete —, daß der Leistungsgegenstand nur für eine Vertragspartei ausschließlich als Sache bestimmt ist, für den anderen Teil dagegen seine persönlichste Welt ausmacht. Es sind zugleich häufig Lagen, in denen nicht mehr — wie z. B. die Anerkennung faktischer Vertragsverhältnisse in einem Teil dieser Bereiche zeigt — ein wirksames zum Vertragsschluß verdichtetes Zusammenwirken der Parteien alleiniger Anknüpfungspunkt für die rechtliche Bewertung ist.

Ein weiterer Bereich, in dem die Zumutbarkeit immer wieder Bedeutung gewinnt, ist der Auftrag, der sich schon — wie bereits oben [III 3. b), bei Anm. 77] erwähnt — vom Worte her nur gezwungen dem Vertrag unterordnen läßt. Er steht den rechtlich unverbindlichen Gefälligkeiten am nächsten. Seine ganze Verbindlichkeit beschränkt sich auf minimale Rücksichtspflichten: Der Auftragnehmer kann jederzeit die Erfüllung ablehnen, muß die Kündigung dem Auftraggeber nur rechtzeitig, d. h. nicht zur „Unzeit", anzeigen.

In allen genannten Lagen trägt schon das BGB der fehlenden Entsprechung zum Kauf dadurch Rechnung, daß beiden Teilen ein Kündigungsrecht aus wichtigem Grund eingeräumt wird. In diesen Bereichen liegen zugleich die Schwerpunkte für die Anwendung der Zumutbarkeit: Hier findet sich der Gesichtspunkt als „Zumuthen", „Zumuthung" oder „zumutbar" noch vor seiner Bestimmung im Sinne eines „Grundsatzes der Zumutbarkeit" in den entsprechenden Lagen des gemeinen Rechts, den *contractus bonae fidei*, soweit sie die engere Lebenssphäre berühren: der *locatio conductio* (Werk-, Sach- und Dienst-

5. Die Zumutbarkeit außerhalb „schlüssiger" Vertragslagen 57

miethe), dem Mandat und der Societhät[95], darüber hinaus noch vor allem[96] im Eherecht[97].

Im einzelnen wurde der „wichtige Grund" in früheren Regelungen aus Bereichen, die heute dem Arbeitsrecht zuzurechnen sind, schon im Entwurf von 1784 und der endgültigen Fassung des Preußischen Allgemeinen Landrechts von 1794 sowie in der für Stadt und Land geltenden Gesindeordnung von 1810[98] mit dem Gesichtspunkt „unerlaubter

---

[95] *Kant:* Metaphysik der Sitten, Anhang zur Rechtslehre, Bem. 4, Akademie Ausgabe, Bd. VI, S. 362 (*Vorländer* S. 195); *Rhein. App. Gerichtshof Köln*, Erk. v. 29. 12. 1830, in: Archiv für das Civil- u. Criminal-Recht der königlich-preuß. Rheinprovinzen, Bd. 15, 1. Abt., S. 100 ff. (101); *Ob. App. G Oldenburg*, SeuffArch, Bd. 10, 1856 Nr. 42; *Obertribunal Stuttgart*, Erk. v. 18. 6. 1861, SeuffArch, Bd. 14 Nr. 276; *Ob. App. G Lübeck*, Erk. v. 19. 5. 1861 und Erk. v. 28. 12. 1861, in: Erkenntnisse und Entscheidungsgründe des *Ober-App. G. Lübeck* in Hamburger Rechtssachen, Bd. 4, 1. Abt., Hamburg 1866 Nr. 31, S. 382 ff. (383, 394) und Nr. 17, S. 212 ff. (213); *Obergericht Wolffenbüttel*, Erk. vom 19. 1. 1864, in: SeuffArch, Bd. 20 Nr. 223; *OHG Mannheim*, Erk. v. 28. 5. 1866, SeuffArch, Bd. 22 Nr. 232; *RG*, Urt. v. 21. 10. 1881, SeuffArch, Bd. 37 Nr. 109, S. 160; *RG*, Urt. v. 25. 6. 1889, RGZE, Bd. 23, S. 167 ff. (168, 170, 172); *RG*, Urt. v. 14. 1. 1897, RGZE, Bd. 38, S. 115; vgl. schon früher: Deductio v. Dez. 1761 zu einer am Reichs-Cammergericht anhängigen Appellationssache von *Johannes Stephan Pütter*, in: Auserlesene Rechts-Fälle in Deduction, rechtlichen Bedenken, Relation und Urtheil, Bd. 1, S. 371 ff. (Nr. 32), insbes. S. 381 (§ 37) und S. 383 (§ 43).

[96] Vgl. weiter noch Responsum v. Febr. 1776 (Einschränkung der Testierfreiheit) von *Johannes Stephan Pütter*, in: Auserlesene Rechts-Fälle in Deduction, rechtlichen Bedenken, Relation und Urtheil, Bd. 3, S. 207 ff. (224 n. 126); *RG*, Urt. v. 22. 11. 1881 (Haftpflicht), in: RGZE, Bd. 5, S. 108 ff. (Tenor 2., S. 109); *RG*, Urt. v. 11. 2. 1890 (Alimentation Eltern-Kinder im Verhältnis zum Haftpflichtgesetz), RGZE, Bd. 25, S. 49 ff. (52).

[97] So u. a. Erk. des *Rhein. App. GH Köln*, v. 11. 6. 1827, in: Archiv für das Civil- u. Criminal-Recht der preuß. Rheinprov., Bd. 11, 1. Abt., S. 20 ff. (21); *App. G. Hamm*, Erk. v. 13. 9. 1866, in: Gruchots Beiträgen, Bd. 15, S. 129 ff. (130); *Ob. App. G Lübeck*, Erk. v. 13. 12. 1866 und Erk. v. 27. 12. 1866, in: Entscheidungen des *Ob. App. G Lübeck*, herausgegeben von *Kierulff*, Bd. II, (1866) Nr. 98, S. 836 ff. (842) und Nr. 102, S. 878 ff. (893); *RG*, Urt. v. 22. 11. 1886, in: RGZE, Bd. 17, S. 213 ff. (214); *RG*, Urt. v. 8. 12. 1887, zitiert in: *RG* v. 28. 1. 1888, in: RGZE, Bd. 20, S. 208 ff. (210); *RG*, Urt. v. 7. 6. 1889, RGZE, Bd. 23, S. 162 ff. (163); *RG*, Urt. v. 28. 2. 1890, RGZE, Bd. 25, S. 149 ff. (151); *RG*, Urt. v. 1. 11. 1892, RGZE, Bd. 30, S. 315 ff. (316); *RG*, Urt. v. 25. 10. 1894, RGZE, Bd. 34, S. 234 ff. (235, 236); *RG*, Urt. v. 15. 10. 1897, RGZE, Bd. 40, S. 161; vgl. schon früher: *Justus H. Böhmeri:* Responsum 183 vom August 1781, in: Consultionum et Decisionum, Bd. 1, Teil 1, S. 572 ff. (575 n. 23); *Rhein. App. GH Köln*, Erk. v. 18. 8. 1824, in: Archiv für das Civil- u. Criminal-Recht der preuß. Rheinprovinzen, Bd. 6, Nr. 355, S. 159; vgl. auch *W. Heinzerling:* Die Scheidung von Tisch und Bette der Protestanten, in: AcP 56 (1873), S. 239 ff. (252 ff.). In älteren Entscheidungen wird statt „zumuthen" „anmuthen" bevorzugt.

[98] §§ 85, 136, S. 1, 138, 139 der GesindeO v. 8. 11. 1810 (pr. GS S. 101); §§ 132 S. 1, 134, 135 II 5 PrALR verwendete statt „Zumuthungen" noch das ältere „Anmuthungen". Vgl. weiter § 85 II 5 PrALR sowie § 89 des Entwurfs zum PrALR von 1784: *Lindenberg:* Das pr. Gesinderecht, S. 97, 108; *Hedemann:* Die Fürsorge des Gutsherrn für sein Gesinde, in: Festgabe für *Felix Dahn*, I. Teil, S. 165 ff. (205 f.).

Anmuthungen" bzw. „Zumuthungen" bestimmt und läßt sich von dort aus über die vorläufige Landarbeitsordnung[99] von 1919 und verschiedene arbeitsrechtliche Einzelgesetze bis hin zu § 626 BGB in der Fassung vom 14. August 1969[100] verfolgen. Entsprechendes ließe sich an Hand der Gesetzgebung und Rechtsprechung zum Sozialrecht und den genannten Lagen der *contractus bonae fidei* seit Einführung des Bürgerlichen Gesetzbuchs aufzeigen.

Die Bedeutung der Zumutbarkeit tritt in diesen Lagen jedoch wieder in den Hintergrund, sofern und soweit sich die vertraglich übernommene Verpflichtung trotz fehlender Entäußerung vom Zumutesein der Beteiligten trennen läßt. Zu nennen sind hier z. B. Verträge mit marktfähigen, vertretbaren oder der Gattung nach bestimmten Leistungen. Insbesondere die Reduktion der Leistung auf den Inbegriff jeder beliebigen Leistung — des Geldes[101] — führt selbst bei Leistungsstörungen zum Ausschluß der Berücksichtigung der Zumutbarkeit und zur unbedingten Verbindlichkeit des Vertrages. Diese Beliebigkeit des Vertragsgegenstandes muß aber für beide Teile in gleichem Maße bestehen. Gehört die Leistung — wie oben [III 5., 5. Abs.] schon unter Hinweis auf das Miet- und Arbeitsrecht kurz ausgeführt wurde — bei einem Vertragsteil zu seiner persönlichsten Sphäre oder ist die im Vertrag stillschweigend vorausgesetzte Ebenbürtigkeit[102] der Vertragspartner eingeschränkt — wie z. B. im Verhältnis zu Monopolbetrieben, beim Diktat von allgemeinen Vertragsbedingungen —, so gewinnt die Zumutbarkeit wieder an Bedeutung. Auch die Ebenbürtigkeit der Vertragspartner führt nur so lange zur Zurückdrängung der Zumutbarkeit, wie die Sphären der Beteiligten im wesentlichen voneinander abgegrenzt bleiben. Eine Verbindung von Berechtigungen gibt dagegen sogar im Sachenrecht — z. B. im Nachbar-, Miteigentums- und Wohnungseigentumsrecht — größeren Raum für eine Berücksichtigung dieses Gesichtspunkts.

---

[99] Vgl. z. B. § 14 Abs. 2 der ArbeitszeitVO v. 30. 4. 1938, RGBl. I, S. 447; §§ 7, 12, 28, 31, 32 des ArbeitszeitsicherstellungsG v. 9. 7. 68, BGBl. I, S. 787; § 2 Abs. 3 des ArbeitsplatzschutzG v. 30. 3. 57 i. d. F. v. 21. 5. 1968, BGBl. I, S. 551; § 8 Abs. I, S. 2 der HandwerksO v. 1. 7. 1953 i. d. F. v. 28. 12. 1965, BGBl. I, S 1254; §§ 7, 9 Buchst. b des KündigungsschutzG i. d. älteren Fassung v. 10. 8. 1951, BGBl. I, S. 499; §§ 15 Abs. 2, 44 Abs. 2, 64 Abs. 1 Nr. 4, 65, 72 Abs. 3, 75 des SeemannsG v. 26. 7. 1957, BGBl. II, S. 713; § 87 a Abs. 3 HGB

[100] i. d. F. des 1. ArbeitsrechtsbereinigungsG v. 14. 8. 1969, BGBl. I, S. 1106.

[101] Insbes. *Marx:* Ökonomisch-philosoph. („Pariser"-) Manuskripte, 3. Manuskript, in: *Marx/Engels:* Kl. ökon. Schriften, Bücherei des Marxismus-Leninismus, Bd. 42, S. 160 ff.; *MEGA* 1. Abt., Bd. 3.

[102] u. a. *Kormann:* System der rechtsgeschäftlichen Staatsakte, Berlin 1910, S. 36 ff.; *Raiser:* Vertragsfreiheit heute, in: JZ 1958, S. 1 ff. (6); *Simitis:* Die faktischen Vertragsverhältnisse, S. 91 ff.

5. Die Zumutbarkeit außerhalb „schlüssiger" Vertragslagen

Die Berücksichtigung der Zumutbarkeit bei unvollkommener oder fehlender Sicherung einer dauerhaften Selbstbestimmung bedeutet nicht, in diesen Lagen werde eine privatautonome Gestaltung der Beziehungen durch die Parteien negiert. Sofern eine überlegte Willensbestimmung der Parteien nicht gesichert ist, weil z. B. die mit der übernommenen Verpflichtung verbundenen Eventualitäten nicht überschaubar sind, läßt sich das Zusammenwirken der Parteien nicht auf einen Vertrag im Sinne eines Vertragsschlusses reduzieren. Es fehlen Voraussetzungen zu einer die Zukunft vorwegnehmenden Selbstbestimmung und damit die Rechtfertigung für die alleinige Maßgeblichkeit der bei Vertragsschluß vorhandenen Parteivorstellungen. In diesen Lagen hat sich die Selbstbestimmung auch während der Dauer des Vertrages zu bewähren. Sie hat sich aber, sofern es zum Streit kommt und die Parteien unter sich keine Einigung erzielen, nicht bewährt. Der Richter kann daher in diesen Lagen nicht einfach die bei Vertragsschluß bestehende Willensübereinstimmung willkürlich perpetuieren oder — sofern die Leistung für einen Teil nicht jederzeit ersetzbar ist — die besonderen Beziehungen der Parteien durch Beendigung des Vertragsverhältnisses auf solche beliebiger Personen zueinander reduzieren, so daß die vertraglichen Absprachen — wiederum häufig unter Rückgriff auf den Gesichtspunkt der Zumutbarkeit — eine Ergänzung und Anpassung erfahren.

Im Ergebnis gewinnt demnach die Zumutbarkeit nicht in Lagen Bedeutung, bei denen eine dauerhafte Gestimmtheit der Parteien vorliegt, sondern gerade umgekehrt in Fällen, bei denen empirische Mittel zur Sicherung einer die Zukunft vorwegnehmenden Selbstbestimmung fehlen. Die Zumutbarkeit wird also auch nicht im juristischen Gebrauch — wie oben [III vor 1.; II 2. a), bei Anm. 40] angedeutet — aufgrund einer vorausgesetzten beständigen Willensentschließung im Sinne eines „Zumutbaren als solchem" bestimmt, so daß sie als Maßstab im abschließenden Schritt eines streng urteilenden Verfahrens unbrauchbar ist.

IV. Die Zumutbarkeit in Rechtsbereichen mit besonderen Formen der Streitbeilegung

Dem bisherigen Ergebnis, nach welchem die Zumutbarkeit in der Rechtsprechung nicht als ein subsumtionsfähiger Maßstab bestimmt wird, vielmehr gerade der Raum für die Bedeutung dieses Gesichtspunkts im Prozeß der Aufarbeitung eines Geschehens zu einem Fall immer mehr eingeengt wird, steht — wie bereits erwähnt [oben III vor 1.] — die heutige Berücksichtigung der Zumutbarkeit in vielen Rechtsgebieten entgegen: Die Bedeutung der Zumutbarkeit läßt sich mit dem Ausschluß dieses Gesichtspunkts aus dem abschließenden Schritt des Beurteilungsverfahrens nur erklären, wenn die richterliche Tätigkeit — jedenfalls bei Rechtsgebieten, aus denen die Zumutbarkeit heute nicht mehr wegzudenken ist — nicht auf eine bloße Beurteilung beschränkt bleibt.

Dieser Nachweis läßt sich führen: Die Zumutbarkeit findet sich in Bereichen, in denen immer wieder besondere, von der Zivilprozeßordnung abweichende Formen der Friedensstiftung vorgesehen worden sind[1]. Zudem ist der Zivilprozeß mehr und mehr vom Idealbild eines streng urteilenden Verfahrens abgerückt und in Richtung auf eine Arbeitsgemeinschaft zwischen den Beteiligten umgestaltet worden.

1. Arbeitsrecht

Schon die Einführung und Erweiterung besonderer Prozeßverfahren für arbeitsrechtliche Streitigkeiten — einem ersten Bereich, in dem die Zumutbarkeit bereits seit dem Preußischen Allgemeinen Landrecht Bedeutung hat [vgl. oben III 5., bei Anm. 96] — wurde häufig mit Gesichtspunkten gerechtfertigt, die auch gemäß § 626 BGB in der Fassung vom 14. August 1969 zu beachten sind: die „Berücksichtigung aller Umstände des Einzelfalles" und die „Abwägung der Interessen beider Vertragsteile".

---

[1] Zu den Besonderheiten dieser Lagen im Rahmen des einstweiligen Rechtsschutzes: *Baur:* Studien zum einstweiligen Rechtsschutz, S. 31 ff.

1. Arbeitsrecht

Ein besonderes Verfahren findet sich zunächst in der schon erwähnten vorläufigen Landarbeitsordnung von 1919[1a]. In dieser Landarbeitsordnung, die die preußische Gesindeordnung von 1810 ersetzte[2], wurde wohl zum ersten Mal versucht, in einer Rechtsnorm den schon in der preußischen Gesindeordnung enthaltenen Gesichtspunkt der Zumutbarkeit mit Beispielen zu erläutern[3]. Gleichzeitig wurde ein besonderer Schlichtungsausschuß eingeführt[4], der zwar nicht über die Berechtigung einer Kündigung, also über die Auseinandersetzung und Reduktion der Parteibeziehungen auf ein Verhältnis beliebiger Personen, wohl aber über Modifikationen des Vertrages während der Vertragsdauer[5] und über einzelne Fragen der Vertragsabwicklung bei vorzeitiger Beendigung des Dienstverhältnisses[6] zu entscheiden hatte. Diese — nach der Verordnung über die Schlichtung von Arbeitsstreitigkeiten[7] zu gleichen Teilen mit Vertretern der Arbeitnehmer und Arbeitgeber besetzten — Schlichtungsausschüsse hatten sich in erster Linie um eine gütliche Einigung der Parteien zu bemühen[8] und bei Scheitern der Güteverhandlung einen Schiedsspruch abzugeben, der erst mit Unterwerfung der Beteiligten verbindlich wurde[9].

Diese hier für den Bereich der Landwirtschaft im Ansatz verwirklichte Herauslösung arbeitsrechtlicher Streitigkeiten aus dem Aufgabenkreis der ordentlichen Gerichte war zu diesem Zeitpunkt in anderen Bereichen schon wesentlich weiter fortgeschritten: Aufgrund des § 108 Abs. 4 der Gewerbeordnung für den Norddeutschen Bund vom 21. Juni

---

[1a] v. 24. 1. 1919, RGBl. I, S. 111, aufgehoben durch Art. 5 Abs. 5 des Gesetzes zur Änderung des Kündigungsrechts (1. ArbeitsrechtsbereinigungsG) v. 14. 8. 1969, BGBl. I, S. 1106.

[2] Dazu oben III 5., bei Anm. 98. Die preußische Gesindeordnung galt nach Art. 95 EGBGB über den 1. 1. 1900 hinaus.

[3] § 16: „Wichtiger Grund zur sofortigen Lösung des Vertrages ist jeder Umstand, mit Rücksicht auf den die Fortsetzung des Dienstvertrages einer Vertragspartei nicht mehr zugemutet werden kann. Solche Gründe sind insbesondere Tätlichkeiten, grobe Beleidigungen, unsittliche Zumutungen im Arbeitsverhältnis, beharrliche Verweigerung oder grobe Vernachlässigung der Dienstleistungen, wiederholt unpünktliche Lohnzahlung, anhaltend schlechte Kost und gesundheitsschädliche Wohnung. Politische und gewerkschaftliche Betätigung ist kein Entlassungsgrund."

[4] §§ 8, 18, 19 sowie II nach § 20 der vorläufigen Landarbeitsordnung v. 24. 1. 1919, RGBl. I, S. 111.

[5] §§ 8, 19 („zugemutete Arbeit") der vorläufigen Landarbeitsordnung.

[6] § 18 der vorläufigen Landarbeitsordnung.

[7] I nach § 20 der vorläufigen Landarbeitsordnung in Verbindung mit der Verordnung über Tarifverträge, Arbeiter- und Angestelltenausschüsse und Schlichtung von Arbeitsstreitigkeiten vom 23. 12. 1918, RGBl. I S. 1456.

[8] I nach § 20 der vorläufigen Landarbeitsordnung, § 21 der Verordnung vom 23. 12. 1918, aaO. (Anm. 7).

[9] § 28 der Verordnung vom 23. 12. 1918, aaO. (Anm. 7).

1869[10] waren die Gemeinden berechtigt, durch Ortsstatut paritätisch besetzte Schiedsgerichte für Streitigkeiten selbständiger Gewerbetreibender und Fabrikinhaber mit ihren Gesellen, Gehilfen und Lehrlingen bzw. mit ihren Fabrikarbeitern zu errichten[11], um die Entscheidung von „Rechtsstreitigkeiten und die Rechtsbildung immer mehr ... in die Hand der Laien zu legen, namentlich in solchen Fällen, in denen es auf ein sachverständiges Gutachten der berufsmäßigen Beschäftigung ankommt"[12]. Denn „es ist eine Unmöglichkeit, daß ein Gericht von gelehrten Männern ... entscheiden könne in einem Streite, der sich zwischen Meister und Gesellen z. B. darum dreht, ob ein Schuhmachermeister ein Stück Leder verkehrt zugeschnitten oder ob der Geselle es verkehrt genäht hat ..."[13]. Der weitere Ausbau und die Verbesserung dieser Gewerbegerichte beschäftigte den Reichstag seit 1873 immer wieder[14]. Aufgrund des Gewerbegerichtsgesetzes von 1890[15] und 1901[16] wurde die Errichtung von paritätisch besetzten Gewerbegerichten ermöglicht und in größeren Gemeinden bindend vorgeschrieben. 1904 wurden zur Entscheidung von Streitigkeiten aus Dienst- oder Lehrverhältnissen zwischen Kaufleuten einerseits und ihren Handlungsgehilfen oder Handlungslehrlingen andererseits besondere Kaufmanns-

---

[10] BGBl. des Norddeutschen Bundes 1869, S. 245; § 120 a in der Fassung vom 17. 7. 1878, RGBl. S. 199.

[11] § 108 Abs. 4 sowie § 127 (betr. Fabrikarbeiter). Diese Ermächtigung fehlte noch im ursprünglichen Entwurf und wurde erst auf Antrag einzelner Abgeordneter eingefügt; vgl. zum ursprünglichen Entwurf vom 4. 3. 1869 (§ 111): Akst. 13, S. 94 ff. der Anlagen zu den stenographischen Berichten über die Verhandlungen des Reichstages des Norddeutschen Bundes, I. Legislaturperiode, Session 1869, Bd. 3; sowie zur Ergänzung das handschriftliche Amendement zu § 111 auf der 25. Sitzung des Reichstages des Norddeutschen Bundes vom 23. 4. 1869, stenographische Berichte, I. Legislaturperiode, Session 1869, Bd. 1, insgesamt Bd. 7, S. 548.

[12] Vgl. die Begründung zum Amendement zu § 111 durch den Abgeordneten *Lasker*, wie Anm. 11, S. 548.

[13] Abgeordneter *v. Wedemeyer* auf der 25. Sitzung des Reichstages des Norddeutschen Bundes vom 23. 4. 1869, aaO. (Anm. 11), S. 550.

[14] So 1873 (Entwurf eines Gesetzes, betr. die Abänderung einer Bestimmung der Gewerbeordnung, Drs. Nr. 198, S. 10 in Bd. 4/1873 — insges. Bd. 30 — der Anlagen zu den stenographischen Berichten des Reichstages); 10. 2. 1874 (Entwurf eines Gesetzes über die Errichtung von Gewerbegerichten, Drs. Nr. 21 in Bd. 3/1874 — insges. Bd. 33 — der Anlagen zu den stenographischen Berichten); Entwurf nach dem Kommissionsbericht vom 17. 3. 1874 (Drs. Nr. 90 in Bd. 3/1874 — insges. Bd. 33 — der Anlagen zu den stenographischen Berichten); Entwurf vom 23. 2. 1878 (Drs. Nr. 41, S. 513 in Bd. 3/1878 der Anlagen zu den stenographischen Berichten); Antrag einzelner Abgeordneter vom 23. 11. 1889 (Drs. Nr. 18 in Bd. 4, 1888—1889 — insges. Bd. 108 — der Anlagen zu den stenographischen Berichten über die Verhandlungen des Reichstages).

[15] Gesetz betreffend die Gewerbegerichte v. 29. 7. 1890, RGBl. S. 141.

[16] Gewerbegerichtsgesetz in der Fassung vom 30. 6. 1901, RGBl. S. 249, in der Bekanntmachung vom 29. 9. 1901, RGBl. S. 353.

gerichte errichtet, die zu gleichen Teilen mit Vertretern aus dem Kreise der Kaufleute und der Arbeitnehmer besetzt waren[17].

Darüber hinaus bestanden noch Berggewerbegerichte[18] sowie eine besondere Zuständigkeit der Innungen und Innungsschiedsgerichte für Streitigkeiten zwischen Innungsmitgliedern und Lehrlingen bzw. Arbeitnehmern[19].

Vor diesen Gewerbegerichten war im Unterschied zur damaligen Zivilprozeßordnung[20] u. a. ein Sühneversuch vorgeschrieben, der in jeder Lage des Verfahrens zu wiederholen war[21]. Auch wurden diese Gerichte auf Ersuchen beider Parteien in Streitigkeiten zwischen Arbeitgebern und Arbeitnehmern über die Bedingungen der Fortsetzung oder Wiederaufnahme des Arbeitsverhältnisses als Einigungsamt tätig. Sie waren berechtigt, bei Scheitern eines gütlichen Ausgleichs einen Schiedsspruch abzugeben, der mit Unterwerfung der Parteien wirksam wurde[22].

Die schrittweise Einführung von Gewerbegerichten spiegelt dabei das Anwachsen der Industriearbeiterschaft in den einzelnen Teilen Deutschlands wider[23]. So stehen die verschiedenen Gesetzesentwürfe nach 1873 in unmittelbarem Zusammenhang mit den verschärften Spannungen zwischen der Arbeiterschaft und den Unternehmern aufgrund der wirtschaftlichen Entwicklung nach dem deutsch-französischen Krieg von 1870/71[24].

---

[17] Gesetz betreffend Kaufmannsgerichte vom 6. 7. 1904, RGBl. S. 266.

[18] § 82 GewerbeGG in der Fassung der Bekanntmachung vom 29. 9. 1901, RGBl. S. 353; vgl. dazu *Bewer:* Die sächsischen Bergschiedsgerichte, in: Sächs. Archiv für Rechtspflege, 9. Jg. 1914, S. 73 ff.; ders.: Zur Geschichte der Arbeitsgerichte, in: ZZP 49 (1925), S. 75.

[19] § 84 GewerbeGG in Verbindung mit §§ 81 a Nr. 4, 81 b Nr. 4, 91—91 b der Gewerbeordnung in der damaligen Fassung, Bekanntmachung vom 26. 7. 1900, RGBl. S. 877; vgl. dazu näher: *Wilhelmi-Bewer:* Das Gewerbegerichtsgesetz, S. 428 ff. (§ 84).

[20] Die ZPO enthielt bis 1915 lediglich eine Kann-Bestimmung, wonach ein gerichtlicher Sühneversuch jederzeit möglich war (§ 296); heute dagegen neben § 296: § 495 Abs. 2, § 349 Abs. 1 Satz 1 ZPO.

[21] § 41 GewerbeGG, aaO. (Anm. 18); zum Verfahren im einzelnen: §§ 26 ff., zur Zuständigkeit: §§ 4 f.

[22] §§ 62 ff. GewerbeGG.

[23] Vgl. *Uhle:* Empfiehlt es sich, die verschiedenen Zweige der Rechtsprechung ganz oder teilweise zusammenzufassen?, in: Verhandlungen des 42. Deutschen Juristentages vom 13./14. 9. 1957, Bd. 2 (Sitzungsberichte), Teil E, 2. Abteilung, S. E 16.

[24] Vgl. die Begründung zum Entwurf eines Gesetzes zur Abänderung der Gewerbeordnung vom 18. 6. 1873, aaO. (Anm. 14), S. 1002; vgl. auch die Ausführungen des Bundeskommissars *Nieberding* und des Abgeordneten *Bamberger* auf der 8. Sitzung des Reichstages vom 19. 2. 1874, Stenographische Berichte, 1. Bd./1874 — insges. Bd. 31 — S. 114 bzw. 116.

IV. Die Zumutbarkeit in besonderen Verfahren der Streitbeilegung

Diese Entwürfe — wie auch schon vorher die preußische Gesetzgebung — knüpfen selbst nur an entsprechende Einrichtungen aus dem beginnenden 19. Jahrhundert an: So bestanden in Berlin bereits seit 1815[25] für Fabrikprozeßsachen eine besondere Deputation des Stadtgerichts und in den Elbuferstaaten die Elbzollerngerichte[26], die in einem möglichst kurzen und summarischen Verfahren[27] u. a. auch Streitigkeiten aus Dienst- und Lohnverhältnissen zwischen den Schiffseignern und ihren Bediensteten[28] entschieden.

Größere Bedeutung haben die seit 1808 aufgrund der französischen Gesetzgebung im linksrheinischen Gebiet und in dem von Napoleon geschaffenen rechtsrheinischen Großherzogtum Berg errichteten Fabrikgerichte[29], die späteren königlichen Gewerbegerichte, gewonnen[30]. Bei der Errichtung dieser *Conseil de prud' hommes* war wiederum die Erwägung bestimmend, Gerichte zu schaffen, welche „bei genauer Kenntnis der zu Streitigkeiten leicht Anlaß gebenden Arbeitsverhältnisse, gerechte, aber milde Richter sein würden"[31]. Die Mitglieder dieser Gerichte — in der Mehrzahl Fabrikanten — wurden aus der Mitte der Fabrikanten, Werkmeister und qualifizierten Arbeiter jeweils auf drei Jahre gewählt. Sie hatten die Aufgabe, „im Wege der Güte die kleinen Streitigkeiten zu schlichten, welche sich täglich zwischen Fabrikanten und Arbeitern ... ergeben"[32]. Dazu gehörten neben zivilrechtlichen

---

[25] Aufgrund eines Ministererlasses vom 4. 4. 1815, vgl. Begründung zum Entwurf eines Arbeitsgerichtsgesetzes, in: RArbBl., Amt. Teil, 1923, S. 385 ff.

[26] Art. 26 der Elb-Schiffahrts-Akte vom 23. 6. 1821, pr. Gesetzessammlung 1822, S. 10; § 46 der Additional-Akte zur Elb-Schiffahrts-Akte vom 13. 4. 1844, pr. Gesetzessammlung S. 458.

[27] Vgl. § 49 der Additional-Akte, aaO (Anm. 26).

[28] § 47 Nr. 2 c der Additional-Akte, aaO. (Anm. 26).

[29] Rechtsgrundlage bildete Art. 34 des Gesetzes über die Errichtung des Gewerbegerichts zu Lyon vom 18. 3. 1806 (Text bei *Meissner*: Die Fabrikgerichte in Frankreich, Teil 1, S. 153 ff. sowie bei *Jeanneney-Perrot*: Textes de droit économique et social Français, S. 109); Verfassung, Zuständigkeit und Verfahren dieser Gerichte wurden außer durch dieses Gesetz und die einzelnen Verordnungen über die jeweilige Errichtung eines Gerichts durch das Dekret vom 11. 6. 1809, neugefaßt am 20. 2. 1810 (Text: *Meissner*, S. 158 ff.) und vom 3. 8. 1810 (Text: *Meissner*, S. 169) geregelt. Rechtsgrundlage für das Großherzogtum Berg bildete das Dekret vom 17. 12. 1811 (*Perrot*: Verfassung und Zuständigkeit der Gerichte der preußischen Rheinprovinzen, S. 633, 634). Errichtet wurden Fabrikgerichte in Aachen (1811), (Mönchen)-Gladbach (1835), (Wuppertal-)Barmen und Elberfeld (1840), Lennep (1840), Solingen (1840), Remscheid (1841) Düsseldorf (1844), Mühlheim-Ruhr (1857); vgl. zu den ersten Gerichten: *F. I. Perrot*, aaO., S. 633 f., im übrigen *Bewer*: Mindergewerbegerichte, in: Festschrift für *Zitelmann* zum 60. Geburtstag, S. 1 ff. (20 ff.).

[30] So in der preußischen Verordnung vom 7. 8. 1846, pr. GS, S. 403; vgl. auch das Gesetz vom 11. 7. 1891, pr. GS, S. 311, das diese Gerichte nach den Anforderungen des § 85 GewerbeGG vom 29. 7. 1890, RGBl. S. 141, neugestaltete.

[31] *Meissner*: Fabrikgerichte, S. 26.

[32] Art. 6 des Gesetzes vom 18. 3. 1806, aaO. (Anm. 29).

Streitigkeiten auch die Beurteilung von Übertretungen und Ordnungswidrigkeiten[33]. Zivilrechtliche Streitigkeiten wurden zunächst vor einem besonderen Vergleichsbüro, das jeweils aus zwei Mitgliedern des *Conseil de prud'hommes*, einem Fabrikanten und einem Werkmeister, bestand, verhandelt. Scheiterte der Sühneversuch, so wurde die Sache vom Spruchbüro, das sich aus allen Mitgliedern des *Conseil de prud'hommes* einschließlich der im Güteverfahren tätig gewesenen Mitglieder zusammensetzte, entschieden. Dadurch wurde zum Teil eine Schwierigkeit vermieden, die sich heute im Verfahren vor dem Einzelrichter ergibt: Bei Identität des Leiters der Güteverhandlung und des in der Sache entscheidenden Gerichts fällt es diesem nicht immer leicht, nach der Güteverhandlung die Rolle eines unbeteiligten Dritten, der lediglich die Sache zu beurteilen hat, zurückzugewinnen. Die in der Güteverhandlung fallenden Hinweise über die Berechtigung der einzelnen Streitpunkte lassen den Richter im Urteilsverfahren leicht als voreingenommen erscheinen.

Diese vielfältigen Formen der Streitbeilegung im Bereich des Arbeitsrechts wurden 1926[34] mit der Schaffung einheitlicher Arbeitsgerichte aufgehoben. Dadurch wurde zwar die Zersplitterung der Arbeitsgerichtsbarkeit beseitigt. Doch zeigen sich schon dabei — trotz weiterhin bestehender Unterschiede zum Zivilprozeß hinsichtlich der Verfahrensgestaltung und der Laienbeteiligung bis hin zur obersten Instanz, die hier im einzelnen nicht weiter dargestellt zu werden brauchen — Grenzen einer möglichen Verrechtlichung von Arbeitsstreitigkeiten: Die Einheitlichkeit der Gerichte geht auf Kosten einer Berücksichtigung der Besonderheiten der verschiedenen Arbeitsbereiche. Diese sind zu differenziert, als daß der jeweilige, lediglich nach einer „rollierenden" Liste[35] bestimmte Beisitzer in allen Fällen noch die ihm zugedachte Aufgabe, „... den rechtsgelehrten Richter die nähere Kenntnis des Arbeitslebens zu vermitteln"[36], erfüllen kann. Es hängt vom Zufall ab, ob der Beisitzer für den konkreten Streitfall wirklich sachverständig ist[37].

---

[33] Dazu näher *Meissner:* Fabrikgerichte, S. 37.
[34] Arbeitsgerichtsgesetz vom 23. 12. 1926, RGBl. I, S. 507.
[35] § 31 RArbGG vom 23. 12. 1926, § 31 BArbGG vom 3. 9. 1953, BGBl. I, S. 1267.
[36] Begründung zum Entwurf eines ArbGG vom 11. 3. 1926, S. 29 der Drs. 2065, Anlagen zu den stenographischen Berichten über die Verhandlungen des Reichstages, III. Wahlperiode 1924, Bd. 407.
[37] § 29 Abs. 1 des Entwurfs von 1923, RArbBl., Amtl. Teil 1923, S. 385 ff., sah die Auswahl aus einer Beisitzerliste nur für den Regelfall vor. Daneben sollte „bei der Heranziehung der Beisitzer tunlichst auf die Besonderheit des zu beurteilenden Arbeitsverhältnisses Rücksicht" genommen werden.

IV. Die Zumutbarkeit in besonderen Verfahren der Streitbeilegung

Das gilt im stärkeren Maße noch für das geltende Arbeitsgerichtsgesetz, das eine Reihe von Differenzierungen, die im Reichsarbeitsgesetz von 1926 vorgesehen waren, eingeschränkt hat[38]. Begründet wurde diese Einschränkung mit dem fehlenden praktischen Bedürfnis[39]. Der Grund kann aber auch darin liegen, daß von den Betroffenen — soweit nach § 101 ArbGG möglich — anderweitig Abhilfe geschaffen wird. So bestehen häufig aufgrund von Verträgen zwischen den Gewerkschaften und den Arbeitgeberverbänden[40] zur Erledigung von Streitfällen grundsätzlicher Art über die Auslegung von Tarifverträgen[41] sowie zur Erreichung einer Übereinstimmung in Fällen, in denen ein Zusammenwirken zwischen den Beteiligten erforderlich ist[42], besondere Schieds- und Einigungsstellen, deren Zusammensetzung aus Vertretern der Arbeitnehmer und Arbeitgeber sowie einem unparteiischen Vorsitzenden von Fall zu Fall bestimmt wird[43]. Diese Verträge sehen zugleich vor, daß auch bei Einzelstreitigkeiten aus Arbeitsverhältnissen, die sich nach einem Tarifvertrag bestimmen, vor Anrufung des Gerichts

---

[38] So die nach § 17 RArbGG im Regelfall zwingend vorgeschriebene Errichtung getrennter Kammern für Streitigkeiten der Arbeiter und Angestellten (§ 17 Abs. 2 Satz 1) sowie des Handwerks (§ 17 Abs. 3 Satz 3). Der Entwurf vom 6. 6. 1923 (Anm. 37) ging noch weiter (z. B. hinsichtlich der Auswahl und Besetzung: §§ 16, 17, 28, 29 Entwurf 1923, dagegen: §§ 20, 30, 31 RArbGG 1926). § 17 BArbGG enthält nur noch eine Kann-Bestimmung über die Bildung von Fachkammern.

[39] Begründung zum Entwurf eines Arbeitsgerichtsgesetzes vom 17. 6. 1952, S. 27 (zu § 17) der Drs. 3516, 1. Wahlperiode 1949, Anlagen zu den stenographischen Berichten über die Verhandlungen des Deutschen Bundestages, Bd. 19.

[40] Vgl. z. B. für den Bereich der Metallindustrie in Norddeutschland die Tarifverträge über Schiedsgerichte und Einigungsstellen: a) für Schleswig-Holstein vom 13. 2. 1970 (gültig ab 1. 3. 1970) zwischen dem Arbeitgeberverband der Metallindustrie in Schleswig-Holstein e.V. Kiel und der Industriegewerkschaft Metall für die Bundesrepublik Deutschland, Bezirksleitung Hamburg; b) für die Metallindustrie des nordwestlichen Niedersachsens vom 21. 4. 1965 (gültig ab 1. 7. 1965) zwischen dem Verband der Metallindustriellen des nordwestlichen Niedersachsens e.V. Wilhelmshaven und der I. G. Metall (wie oben); c) für die Metallindustrie in Hamburg und Umgebung vom 11. 3. 1965 (gültig ab 1. 4. 1965) zwischen dem Verband der Metallindustriellen Hamburgs und Umgebung e.V. und der I. G. Metall (aaO.); d) für die Metallindustrie im Unterwesergebiet vom 31. 5. 1964 (gültig ab 1. 6. 1964) zwischen dem Arbeitgeberverband der Metallindustrie im Unterwesergebiet e.V. Bremen und der Bezirksgruppe Bremerhaven einerseits, der I. G. Metall (aaO.) andererseits.

[41] So jeweils § 2 der in Anm. 40 unter a) bis c) genannten Verträge, sowie § 1 des dort unter d) genannten Vertrages.

[42] So jeweils § 3 der in Anm. 40 unter a) bis c) genannten Verträge, sowie § 2 des unter d) genannten Vertrages.

[43] So § 2 Ziff. 3, § 3 Ziff. 3 der in Anm. 40 unter a) und b) genannten Verträge, § 6 Ziff. 2, 3 des unter c) genannten Vertrages, § 4 des unter d) genannten Vertrages.

2. Sozialrecht

eine gütliche Einigung zunächst zwischen Arbeitgeber und Betriebsrat und bei fehlender Verständigung unter Hinzuziehung von Vertretern der Tarifvertragsparteien angestrebt wird[44].

2. Sozialrecht

In enger Verbindung mit der Verwendung der Zumutbarkeit im Arbeitsrecht[45] steht die Bedeutung dieses Gesichtspunktes im Sozialrecht. Hier bestimmte das Preußische Allgemeine Landrecht und die Gesindeordnung von 1810 im Anschluß an § 85 II 5 pr. ALR, der den Gesichtspunkt der Zumutbarkeit nennt, in § 86: „Zieht ein Dienstbote sich durch den Dienst oder bei Gelegenheit desselben eine Krankheit zu, so ist die Herrschaft schuldig, für seine Kur und Verpflegung zu sorgen[46]."
Im Sozialversicherungsrecht findet sich der Gesichtspunkt der Zumutbarkeit seit 1899. Seine ausdrückliche Erwähnung im Gesetz steht dabei in unmittelbarer Verbindung zu einer Form der Streitbeilegung, die den Betroffenen stärkere Mitwirkungsrechte im Feststellungsverfahren einräumte. Während noch § 9 Abs. 3 des Gesetzes betreffend die Invaliditäts- und Altersversicherung vom 22. Juni 1889[47] die Erwerbsunfähigkeit danach bestimmte, ob der Versicherte noch in der Lage war, durch eine seinen Kräften und Fähigkeiten entsprechende Lohnarbeit ein näher bestimmtes Einkommen zu erzielen, wurde durch die Gesetzesnovelle vom 13. Juli 1899[48] die vom Versicherten erwartete Tätigkeit „unter billiger Berücksichtigung ihrer Ausbildung und ihres bisherigen Berufs zugemuthet werden kann"[49].

Maßgebend für diese Neufassung war eine entsprechende Praxis[50] der auf diesem Gebiet tätig werdenden Schiedsgerichte[51], die schon die

---

[44] So jeweils § 1 der in Anm. 40 unter a) bis c) genannten Verträge.
[45] Vgl. oben III 5., bei Anm. 98 ff.
[46] Desgl. § 86 Gesindeordnung vom 8. 11. 1810, pr. Gesetzessammlung, S. 101.
[47] RGBl. S. 97.
[48] RGBl. S. 393; vgl. auch die Bekanntmachung vom 19. 7. 1899, RGBl. S. 463.
[49] § 4 Abs. 4 des Invalidenversicherungsgesetzes vom 13. 7. 1899, RGBl. S. 393 = § 5 Abs. 4 in der Zählung der Bekanntmachung vom 19. 7. 1899, RGBl. S. 463. Diese Bestimmung galt auch für die Bewertung der Invalidität (§ 15 Abs. 2).
[50] Vgl. die Begründung zum Entwurf eines Invalidengesetzes vom 19. 1. 1899, Bd. 172 der Verhandlungen des Reichstages, 1. Anlagenband — 10. Legislaturperiode — zu den stenographischen Berichten, Aktenstück 93, S. 589 ff. (699); vgl. auch die Ausführungen der Abgeordneten *Molkenbuhr* (folgende Anm. 52) und *Roesecke* (folgende Anm. 53).
[51] Zum Verfahren der Schiedsgerichte vgl. im einzelnen die Verordnung betreffend das Verfahren vor den Schiedsgerichten für Arbeiterversicherung vom 22. 11. 1900, RGBl. S. 1017.

IV. Die Zumutbarkeit in besonderen Verfahren der Streitbeilegung

bisherigen Bestimmungen „eigentlich gegen das Gesetz mehr nach Billigkeit als nach den gesetzlichen Anforderungen"[52] ausgelegt hatten. Ihnen sollte „nur die gesetzliche Unterlage gegeben werden, um auch in Zukunft so zu verfahren ... (und) jeden einzelnen Fall zu individualisiren"[53]. Der Gesetzgeber folgte dieser Auslegung mit der Begründung, es werde „damit nicht von einem abstrakten Normalarbeiter, der sich praktisch kaum finden ließe, ausgegangen, sondern von einem Lohnarbeiter gleicher Art, also von einem Versicherten, der im Wesentlichen die gleichen Kenntnisse und Fähigkeiten besitzt, welche der Rentenbewerber nach menschlicher Voraussicht haben würde, wenn er sich im Vollbesitz seiner geistigen und körperlichen Gesundheit befände"[54].

Gleichzeitig mit dieser Neubestimmung der Erwerbsunfähigkeit im Invalidenversicherungsgesetz unter Rückgriff auf den Gesichtspunkt der Zumutbarkeit wurden auch die Mitwirkungsrechte des betroffenen Personenkreises bei der Feststellung der Erwerbsunfähigkeit erweitert. Während noch nach der Fassung des Gesetzes von 1889 die Mitwirkungsrechte im wesentlichen[55] auf die Überprüfung der getroffenen Feststellungen durch die paritätisch besetzten Schiedsgerichte[56] beschränkt waren, wurden nach der Neufassung von 1899 die Versicherten und die Arbeitgeber am Feststellungsverfahren im Rahmen der nunmehr insoweit paritätisch besetzten unteren Verwaltungsbehörden bzw. Rentenstellen beteiligt[57]. War für die Berücksichtigung der Zumutbarkeit im Rahmen der Bestimmung der Erwerbsunfähigkeit das Bestreben entscheidend, dem Einzelfall stärker Rechnung tragen zu können, so war es hier die Erwägung, „schon bei der ersten (begutachtenden) Beschlußfassung über die Rentenbewilligung die durch örtliche Nähe ermöglichte

---

[52] Abgeordneter *Molkenbuhr* auf der 80. Sitzung des Reichstages — 10. Legislaturperiode vom 12. 5. 1899 — stenographische Berichte über die Verhandlungen des Reichstages, Bd. 167 (10. Legislaturperiode Bd. 3), S. 2179 D ff. (Zitat: S. 2180 A).

[53] Abgeordneter *Roesecke* auf der 80. Sitzung des Reichstages — 10. Legislaturperiode vom 12. 5. 1899 — stenographische Berichte über die Verhandlungen des Reichstages, Bd. 167 (10. Legislaturperiode Bd. 3), S. 2181 A ff. (Zitat: S. 2182 B).

[54] Vgl. die Begründung zum entsprechenden Gesetzesentwurf, Aktenstück 93, aaO. (Anm. 50), S. 699.

[55] Doch auch hier findet sich schon die Verpflichtung zur Anhörung von Vertrauensmännern aus dem Kreise der Versicherten und der Arbeitgeber: § 75 Abs. 1 Satz 3 i. V. m. § 51 Abs. 3 des Gesetzes betreffend die Invaliditäts- und Altersversicherung vom 22. 6. 1889, RGBl. S. 97.

[56] §§ 70—74 des Invaliditäts- und Altersversicherungsgesetzes in der Fassung vom 22. 6. 1889, RGBl. S. 97; vgl. auch § 133 hinsichtlich der Zusammensetzung des Reichsversicherungsamtes (neben den unbeteiligten Mitgliedern jeweils ein Vertreter der Versicherten und der Arbeitgeber).

[57] § 112 Abs. 1 Satz 1, Abs. 2 i. V. m. § 59 bzw. § 84 des Invalidenversicherungsgesetzes vom 19. 7. 1899, RGBl. S. 463.

2. Sozialrecht

Einsicht in die Verhältnisse und die Vorzüge der Mitwirkung von Arbeitgebern und Versicherten wirksam werden" zu lassen[58]. Auch bestand bei den Versicherten „das Bedürfnis, daß die ... Versicherungsanstalten ihnen im Feststellungsverfahren nähergerückt werden; sie wollen Vertreter der Anstalten vor sich sehen, vor welchen sie sich aussprechen und ihre Ansprüche persönlich wahrnehmen können. Die Rentenbewerber wollen persönlich darüber aufgeklärt werden, ob und weshalb gegen ihre Ansprüche Bedenken bestehen. Der Rentenbewerber, der sich gegenüber einem Organe der verpflichteten Versicherungsanstalt, insbesondere dann, wenn auch seine Standesgenossen in demselben vertreten sind, aussprechen kann und sieht, daß die mit der Vorbereitung seines Anspruchs befaßte Stelle vorurtheilsfrei sich bemüht, ihm zu helfen, wird sich bei einer späteren Ablehnung seines Anspruchs leichter beruhigen, als der Rentenbewerber, mit dem man nur auf schriftlichem Wege verkehrt hat"[59].

Der Gesichtspunkt der Zumutbarkeit in eins mit der Mitwirkung von Vertretern der Betroffenen im Feststellungsverfahren gelangt von hier aus 1911 in die Reichsversicherungsordnung[60]. Auf die noch heute bestehenden Besonderheiten in Verfahren vor den Sozialgerichten einschließlich der Beteiligung von Vertretern der betroffenen Personenkreise bis hin zur obersten Instanz braucht hier nicht hingewiesen zu werden.

---

[58] Wie folgende Anm. 59, S. 660.
[59] Begründung zum Entwurf eines Invalidenversicherungsgesetzes, stenographische Berichte über die Verhandlungen des Reichstages, Bd. 172 (10. Legislaturperiode, I. Session 1898/99, 1. Anlagenband, Aktenstück 93, S. 657 ff. [659]). Dise Erwägungen führten schon 1889 dazu, das oben (Anm. 55) genannte Verfahren — abweichend vom Regierungsentwurf — in das Gesetz aufzunehmen: Vgl. den Kommissionsbericht zum Gesetzesentwurf, Aktenstück 141 unter IV, § 63 II, S. 925, in Bd. 109 der stenographischen Berichte über die Verhandlungen des Reichstages, 7. Legislaturperiode, IV. Session 1888/89, 2. Anlagenband; dazu z. B. die Ausführungen des Abgeordneten von Strombeck auf der 74. Sitzung des Reichstages vom 23. 5. 1889: „... die Schiedsgerichte stehen ja der Person des Versicherten fern; die thatsächlichen Verhältnisse werden sie in der Regel nicht kennen. Es ist also auch für die Schiedsgerichte ... von großer Wichtigkeit, daß sie ... zu erfahren bekommen: die Vertrauensmänner aus dem Kreise der Versicherten haben sich so und so ausgesprochen" (S. 1952 B in Bd. 107 der stenographischen Berichte über die Verhandlungen des Reichstages, 7. Legislaturperiode, IV. Session 1888/89, 3. Bd.). Diese Erwartungen in die Vertrauensmänner hatten sich aber nicht erfüllt: vgl. die Begründung zum Entwurf 1899, aaO. (am Anfang dieser Anm.), S. 659, 719 (zu § 51), S. 727 (zu § 75).
[60] Vgl. RVO vom 19. 7. 1911, RGBl. S. 509: §§ 56, 57, 1618 ff. (hinsichtlich der Spruchstellen, Beschlußausschüsse sowie der Vorbereitung des Feststellungsverfahrens) und §§ 1255 Abs. 2, 1258 Abs. 2 (hinsichtlich der Zumutbarkeit).

3. Aufwertungsrechtsprechung und Vertragshilfe

Der Zusammenhang der Zumutbarkeit mit besonderen Formen der Friedensstiftung zeigt sich aber auch bei der ersten Fallgruppe, in deren Rahmen dieser bis dahin nur gelegentlich[61] verwendete Gesichtspunkt eine stärkere Berücksichtigung fand: bei der Frage der Weitergeltung von Verträgen trotz kriegsbedingter und später vor allem währungsbedingter Veränderungen der Vertragsgrundlage während und nach dem 1. Weltkrieg. Dieses Problem stellte sich zwar zunächst im Rahmen von Zivilprozessen und wurde mit der Anerkennung eines erzwingbaren Anspruchs auf eine erhöhte Geldleistung bei unvorhersehbarer erheblicher Verschiebung des Wertverhältnisses von Leistung und Gegenleistung auch vom Zivilrichter entschieden[62]. Doch hat schon das *Reichsgericht* gelegentlich betont, es fehle jeder Maßstab, ab wann bei höheren Preisen eine Befreiung vom Vertrage anzunehmen sei[63]. Auch bewertet es z. B. die Tätigkeit der Mieteinigungsämter als „Ausübung sozialer Fürsorge"[64]. Im gleichen Sinne hat z. B. *Hedemann* bezweifelt, daß es sich bei der Zumutbarkeit und den mit ihr zusammenhängenden Fragestellungen überhaupt noch um Rechtsprechung und Rechtsanwendung handle[65] und diese Aufgabe als eine solche der Verwaltung angesprochen[66].

Konkreter wird die Frage, ob die mit der Zumutbarkeit bewerteten Probleme überhaupt noch im Rahmen des damaligen Zivilprozesses angemessen entschieden werden können, vor allem von einzelnen Abgeordneten des Reichstages gestellt. So führt u. a. *Graef* aus[67], die

---

[61] So — neben dem Bereich der *contractus bonae fidei* (vgl. oben III 5. bei Anm. 95 ff.) — u. a.: RG, Urt. v. 23. 2. 1904, RGZE, Bd. 57, S. 116 (118 f.), zur wirtschaftlichen Unmöglichkeit; Urt. v. 22. 12. 1906, RGZE, Bd. 65, S. 37 (38), zur Bindung an Dauerschuldverhältnisse. Den Gesichtspunkt der Zumutbarkeit im Rahmen der wirtschaftlichen Unmöglichkeit erwähnen schon *Titze* (Die Unmöglichkeit der Leistung nach deutschem bürgerlichen Recht, S. 2, 9) und *Kisch* (Die Wirkungen der nachträglich eintretenden Unmöglichkeit der Erfüllung bei gegenseitigen Verträgen, S. 13); vgl. auch *Titze*: Richtermacht und Vertragsinhalt, S. 18.

[62] *Kegel*, in: *Kegel-Rupp-Zweigert*: Die Einwirkung des Krieges auf Verträge, S. 81 ff., 96 ff.; ders.: Empfiehlt es sich, den Einfluß grundlegender Veränderungen des Wirtschaftslebens auf Verträge gesetzlich zu regeln und in welchem Sinne? (Geschäftsgrundlage, Vertragshilfe, Leistungsverweigerungsrecht), in: Gutachten für den 40. Deutschen Juristentag, Bd. I, S. 135 ff. (151 ff., 157 ff.).

[63] RG, Urt. v. 25. 2. 1919, RGZE, Bd. 95, S. 41 (44).

[64] RG, Urt. v. 16. 11. 1923, RGZE, Bd. 107, S. 284 ff. (287).

[65] *Hedemann*: Die Flucht in die Generalklauseln, S. 75 ff., vgl. auch S. 33.

[66] *Hedemann*, aaO. (Anm. 65), S. 31; ders.: Kontrolle der Arbeitsentlassung, in: DJZ 1920, Sp. 547 ff. (551).

[67] *Graef* in der 298. Sitzung des Reichstages vom 12. 2. 1923, Verhandlungen des Reichstages, stenographische Berichte, 1. Wahlperiode 1920, Bd. 358,

3. Aufwertungsrechtsprechung und Vertragshilfe

reichsgerichtliche Rechtsprechung habe „herausgestellt, daß, wenn die wirtschaftlichen Verhältnisse, die mit der Geldentwertung zusammenhängen, dermaßen im Fluß sind, ... überhaupt wahres Recht, was von den Beteiligten als solches empfunden wird, nicht mehr gesprochen werden kann" und daher geprüft werden muß, ob „man den ordentlichen Gerichten neben der eigentlichen Findung des Rechts auch nach Möglichkeit die in wirtschaftlichen Fragen erforderlichen Schiedsgerichtsfunktionen übertragen möchte".

Aufgrund dieser Anregung[68] wurde durch Verordnung vom 22. Dezember 1923[69] in Zivilsachen ein besonderes Schiedsurteilsverfahren eingeführt: Auf übereinstimmenden Antrag der Parteien entschied das Gericht erster oder zweiter Instanz bei freier Verfahrensgestaltung — mithin bei völlig arbiträrer Betätigung[70] — durch ein sofort rechtskräftiges Schiedsurteil, das im Einverständnis beider Parteien auch nicht begründet zu werden brauchte[71]. Die Parteien konnten sogar weitgehend auf die Zusammensetzung des Gerichts Einfluß nehmen: Sie konnten die Zuziehung von zwei Laienbeisitzern ihres Vertrauens beantragen und einen der Richter des erkennenden Gerichts als Vorsitzenden dieses Gerichts vorschlagen[72]. Darüber hinaus konnten sie das Gericht ermächtigen, über den Rahmen einer rein erkennenden Tätigkeit hinauszugehen und die Rechtsbeziehungen zwischen den Beteiligten nach Billigkeit zu gestalten[73].

S. 9360 C ff., Zitat: S. 9641 C; vgl. auch die Ausführungen des Abgeordneten *Bell* auf derselben Sitzung des Reichstages (aaO., S. 9633); dazu schon vorher die Anfrage Nr. 1862 des Abgeordneten *Graef* vom 18. 10. 1922, Drs. des Reichstages Nr. 5081, in: Verhandlungen des Reichstages, Anlagen zu den stenographischen Berichten, I. Wahlperiode 1920, Bd. 375, S. 5597; vgl. auch die Ausführungen dazu auf der 266. Sitzung des Reichstages vom 14. 11. 1922, Verhandlungen des Reichstages, stenographische Berichte, I. Wahlperiode 1920, Bd. 357, S. 8950 D f.

[68] Die Begründung zu der in der folgenden Anmerkung genannten Verordnung nimmt ausdrücklich Bezug auf die Anfrage des Abgeordneten *Graef* vom 18. 10. 1922 (Drs. des Reichstages Nr. 5081 — Text der Begründung bei *Volkmar*: Die Verordnung zur Beschleunigung des Verfahrens in bürgerlichen Rechtsstreitigkeiten vom 22. 12. 1923, S. 15 ff., 20).

[69] Verordnung zur Beschleunigung des Verfahrens in bürgerlichen Rechtsstreitigkeiten (hier §§ 27 a—c), RGBl. I, S. 1239, entspricht §§ 18—20 der Bekanntmachung zur Entlastung der Gerichte vom 9. 9. 1915 in der Fassung der Bekanntmachung vom 13. 5. 1924, RGBl. I, S. 552; aufgehoben durch Art. 8 II Ziff. 1 des Gesetzes zur Wiederherstellung der Rechtseinheit vom 12. 9. 1950, BGBl I, S. 455.

[70] Vgl. *Brüggemann*: Judex statutor und judex investigator, S. 63.

[71] § 18 in der Fassung der Bekanntmachung vom 13. 5. 1924, RGBl. I, S. 555.

[72] § 19 in der Fassung der Bekanntmachung vom 13. 5. 1924, RGBl. I, S. 555.

[73] Vgl. *RG*, Urt. v. 1. 2. 1935, in: RGZE, Bd. 147, S. 22 ff.; vgl. auch *Levin*: Der Entwurf eines Gesetzes zur Beschleunigung des Verfahrens in bürgerlichen Rechtsstreitigkeiten, in: DJZ 1924, Sp. 14 ff. (16 f.).

IV. Die Zumutbarkeit in besonderen Verfahren der Streitbeilegung

Gleichzeitig wurde — wiederum im Zusammenhang mit der durch die Inflation entstandenen Lage[74] — durch Verordnung vom 23. Februar 1924[75] der seit 1915[76] für das Amtsgericht vorgeschriebene Sühneversuch auch für das neugeschaffene Verfahren vor dem Einzelrichter des Landgerichts eingeführt (§ 349 Abs. 1 Satz 1 ZPO)[77] und dem amtsgerichtlichen Streitverfahren ein Güteverfahren vorgeschaltet[78]. In der Praxis hat vor allem dieses Güteverfahren — weniger offenbar das fakultative Schiedsverfahren — Bedeutung gewonnen[79].

Mit diesen neuen Bestimmungen zum Güte- und Schiedsurteilsverfahren wurde aber nur eine Einrichtung, die schon für zahlreiche Einzelgebiete während des 1. Weltkrieges eingeführt worden war, auf den Zivilprozeß ausgedehnt: So konnte nach mehreren Verordnungen seit 1915 bei Lieferverträgen über eine Reihe wichtiger Lebensmittel[80] sowie bei Verträgen über Web-, Wirk- und Strickwaren[81], Seiler-[82] und Schuhwaren[83] eine Vertragspartei ein Schiedsgericht anrufen, wenn ihr „mit Rücksicht auf die veränderten wirtschaftlichen Verhältnisse die Erfüllung des Vertrages nicht zugemutet werden konnte"[84]. Diese Schieds-

---

[74] Vgl. die Entschließung des Reichstages vom 8. 3. 1921 (Verhandlungen des Reichstages, stenographische Berichte, Bd. 348, S. 2741 B) und dazu die Drs. Nr. 1509 II 1 (Verhandlungen des Reichstages, Anlagen zu den stenographischen Berichten, Bd. 365, S. 1047 ff., 1055) und dazu *Brüggemann:* Judex statutor und judex investigator, S. 63.

[75] Verordnung über das Verfahren in bürgerlichen Rechtsstreitigkeiten vom 13. 2. 1924, RGBl. I, S. 135, sowie die Bekanntmachung des neuen Textes der ZPO vom 13. 5. 1924, RGBl. I, S. 437.

[76] § 18 der Bekanntmachung zur Entlastung der Gerichte vom 9. 9. 1915, RGBl. S. 562.

[77] Die ZPO von 1877 sah nur die Kann-Bestimmung des § 296 ZPO vor.

[78] §§ 495 a ff. ZPO in der Fassung der Verordnung vom 13. 2. 1924, RGBl. I, S. 135, aufgehoben durch das Gesetz zur Wiederherstellung der Rechtseinheit vom 12. 9. 1950, BGBl. I, S. 455, das dafür in § 495 Abs. 2 ZPO die Kann-Regel des § 296 ZPO zu einer Sollvorschrift erhob.

[79] Während noch 1912/13 auf 100 kontradiktorische Urteile nur 50 Vergleiche kamen, erhöhte sich die Zahl der Vergleiche nach 1924 auf fast 100, in manchen großen städtischen Amtsgerichten (Essen, Berlin-Mitte) sogar auf 140—150. Vgl. die Angaben und den Auszug aus der preußischen Justizstatistik im „Entwurf einer Zivilprozeßordnung" 1931, veröffentlicht vom Reichsministerium der Justiz, Berlin - Leipzig 1931, S. 266 f., 284 f.

[80] Bekanntmachung betreffend Einwirkung von Höchstpreisen auf laufende Verträge vom 11. 11. 1915, RGBl. S. 758.

[81] Bekanntmachung über Preisbeschränkungen bei Verkäufen von Web-, Wirk- und Strickwaren vom 30. 3./14. 9. 1916, RGBl. S. 214, 1022.

[82] Bekanntmachung über die Preisbeschränkung von Seilerwaren vom 21. 6. 1916, RGBl. S. 545.

[83] Bekanntmachung über die Preisbeschränkung von Schuhwaren vom 28. 9. 1916, RGBl. 1077; vgl. auch Bekanntmachung über die Preisbeschränkung bei Ausbesserung von Schuhwaren vom 25. 1. 1917, RGBl. S. 75.

[84] § 2 Abs. 2 der in Anm. 80 genannten Verordnung. Die in Anm. 81—83 genannten Verordnungen sprechen statt von „zumuten" von einem angemessenen bzw. unangemessenen Preis.

3. Aufwertungsrechtsprechung und Vertragshilfe

gerichte setzten sich aus einem von der zuständigen Landeszentralbehörde ernannten Vorsitzenden und zwei bzw. vier Beisitzern aus dem Kreise der jeweils am Verfahren beteiligten Parteien zusammen[85].

Die Verfahrensgestaltung[86] lag im Ermessen dieser Gerichte. Sie konnten die Beteiligten und sonstige Interessierte laden, Beweise von Amts wegen erheben usw. Verhandlung und Entscheidung erfolgten in nicht öffentlicher Sitzung, doch auf Verlangen der Beteiligten in ihrer Gegenwart. Die Schiedsgerichte waren an Anträge der Beteiligten nicht gebunden. Sie setzten die Vertragsbedingungen — mit Ausnahme der Bestimmung von Lieferfristen — nach eigenem Ermessen fest.

In anderen Fällen konnte der zur Leistung Verpflichtete die Heraufsetzung von Preisen verlangen, „wenn und insoweit infolge der Verhältnisse des Krieges und der Übergangswirtschaft die Höhe der Selbstkosten seit der letzten Preisvereinbarung so gewachsen ist, daß das Anwachsen bei Anwendung der Sorgfalt eines ordentlichen Kaufmanns nicht vorauszusehen war, und daß billigerweise die Tragung der Mehrkosten dem Unternehmer allein nicht zugemutet werden kann"[87]. In

---

[85] Hinsichtlich der in Anm. 85 genannten Verordnung erfolgte die Bestellung der Schiedsgerichte durch die Landeszentralbehörde, vgl. für Preußen die Allgemeine Verfügung vom 12.11.1915 zur Ausführung der Bekanntmachung betreffend Einwirkung von Höchstpreisen auf laufende Verträge vom 11.11.1915, Preuß. Jus. Minist. Bl. S. 267: Beisitzer waren je ein Vertreter der Handels- und der Landwirtschaftskammer. Hinsichtlich der in Anm. 2—4 genannten Verordnungen wurde die Errichtung und Zusammensetzung durch den Reichskanzler bestimmt: Beisitzer waren jeweils zwei Vertreter aus dem Käufer- und aus dem betreffenden gewerblichen bzw. Handwerkskreis; vgl. dazu die in der folgenden Anm. 86 zitierten Ausführungsbestimmungen zu den in Anm. 81—83 genannten Verordnungen.

[86] Das Verfahren ist jeweils geregelt für die in Anm. 80 genannte Verordnung durch die Anordnung für das Verfahren vor den aufgrund der Verordnung vom 11.11.1915 bestimmten Schiedsgerichten vom 15.11.1915, RGBl. S. 769, für die in Anm. 81, 82 genannten Verordnungen durch die Ausführungsbestimmungen über die nach der Bekanntmachung über Preisbeschränkungen bei Verkäufen von Web-, Wirk- und Strickwaren zu errichtenden Schiedsgerichte vom 30.3.1916, RGBl. S. 216, für die in Anm. 83 genannten Verordnungen durch die Bekanntmachung betreffend Ausführungsbestimmungen zur Verordnung über Preisbeschränkungen bei Verkäufen von Schuhwaren vom 28.9.1916, RGBl. S. 1080, die auch für Schuhausbesserungen galt, vgl. die entsprechende Bekanntmachung vom 25.1.1917, RGBl. S. 77.

[87] So § 1 der Verordnung über die schiedsgerichtliche Erhöhung von Beförderungspreisen der Eisenbahnen, Kleinbahnen (Lokalbahnen usw.), Straßenbahnen und Anschlußbahnen vom 21.2.1920, RGBl. S. 225; vgl. auch RGBl. 1928 II, S. 637, der die späteren Änderungen zu entnehmen sind; § 1 Ziff. 1 der Verordnung über die schiedsgerichtliche Erhöhung von Preisen bei der Lieferung von elektrischer Arbeit, Gas und Leitungswasser vom 1.2.1919, RGBl. I 1919, S. 135; vgl. auch RGBl. I 1920, S. 329, RGBl. I 1922, S. 510; vgl. weiter § 3 der Verordnung über Sammelheizungs- und Warmwasserversorgungsanlagen in der Fassung der Bekanntmachung vom 22.6.1919, RGBl. I, S. 595.

74 IV. Die Zumutbarkeit in besonderen Verfahren der Streitbeilegung

diesen Fällen konnten die Parteien selbst Vereinbarungen über die Zusammensetzung des Schiedsgerichts treffen[88]. Kam eine Vereinbarung nicht zustande, so war jede Partei berechtigt, entweder nach eigenem Belieben[89] oder aus einer Liste[90] einen Beisitzer zu wählen. Der Obmann des Schiedsgerichts wurde durch die Beisitzer gewählt oder bei fehlender Einigung durch den Präsidenten des Oberlandesgerichts[91] bzw. durch den Reichsverkehrsminister[92] ernannt. Im übrigen entsprach das Verfahren im wesentlichen dem bereits oben beschriebenen Schiedsverfahren.

Die Aufgaben der Vertragshilfe wurden im weiteren den Zivilgerichten übertragen. Aber auch hier blieben noch Besonderheiten hinsichtlich der Verfahrensgestaltung. So galt für sämtliche in § 21 Ziff. 1—16 Vertragshilfegesetz vom 26. März 1952[93] aufgezählten zahlreichen Bestimmungen zur Vertragshilfe das Verfahren der freiwilligen Gerichtsbarkeit[94]. In den genannten Bestimmungen wird immer zugleich auch in irgendeiner Weise auf die Zumutbarkeit als Bewertungsgesichtspunkt verwiesen[95]. Entsprechendes gilt für die Neuregelung der Vertragshilfe durch das genannte Vertragshilfegesetz[96].

4. Mietrecht

Auch im Wohnungsmietrecht bestanden immer wieder besondere Formen der Streitbeilegung. Zugleich handelt es sich auch hier um ein Rechtsgebiet, in welchem — wie oben [III 5., bei Anm. 93 ff.] schon unter

---

[88] Jeweils § 4 Ziff. 1 der Verordnung betreffend Lieferung von elektrischer Arbeit, Gas und Leitungswasser (RGBl. 1919 I, S. 135) und der Verordnung über Beförderungspreise (RGBl. 1920 I, S. 255).

[89] So § 4 der Verordnung über Beförderungspreise.

[90] So § 4 der Bekanntmachung über die Schiedsgerichte für die Erhöhung von Preisen bei der Lieferung von elektrischer Arbeit, Gas und Leitungswasser vom 5. 3. 1919, RGBl. I, S. 288, vgl. auch RGBl. 1920 I, S. 330.

[91] So nach § 6 der in Anm. 90 genannten Bekanntmachung.

[92] So § 4 der Verordnung über Beförderungspreise.

[93] BGBl. I, S. 198.

[94] Die in Ziff. 3 des § 21 VHG genannten Bestimmungen machen davon insofern keine Ausnahme, als es dort lediglich um die Bewilligung von Zahlungsfristen für Ansprüche, die bereits im ordentlichen Verfahren rechtshängig waren, ging.

[95] Eine Ausnahme machen nur die in Ziff. 1 und Ziff. 4 des § 21 VHG genannten Bestimmungen. Doch finden sich hier vergleichbare Gesichtspunkte: „billige und gerechte Abwägung", „angemessene Vereinbarung", „Berücksichtigung der Verhältnisse beider Vertragsteile entsprechend der Billigkeit".

[96] So „zumuten" bzw. „nicht zumutbar" in §§ 1 Abs. 1, 3 Abs. 3 und der Verweis auf das FGG in § 8 VHG vom 26. 3. 1952, BGBl. I, S. 198.

4. Mietrecht

Hinweis auf das gemeine Recht angedeutet wurde — die Zumutbarkeit häufig berücksichtigt wird.

In diesem Bereich findet sich die Zumutbarkeit in gesetzlichen Bestimmungen durchgängig seit[97] den grundlegenden Gesetzen zur selbständigen Regelung des Wohnraummietrechts aus dem Jahre 1923[98] und hat nunmehr auch durch mehrere Novellen[99] Eingang in die mietrechtlichen Bestimmungen des Bürgerlichen Gesetzbuchs (§§ 549 Abs. 2 Satz 1, 2, 554 a S. 1, 556 a Abs. 2 Satz 2) gefunden.

Die Einführung neuer Formen der Streitbeilegung setzte in diesem Bereich bereits mit Beginn des 1. Weltkrieges durch die Errichtung von Einigungsämtern in einzelnen Gemeinden[100], die zunächst mit der Aufgabe betraut wurden, „zwischen Mietern und Vermietern ... zum Zwecke eines billigen Ausgleichs der Interessen zu vermitteln"[101], ein. Diese Einigungsstellen verhandelten nach der Regelung von 1917[102] in nicht öffentlicher Sitzung[103] und entschieden in der Besetzung mit einem Volljuristen sowie Beisitzern — zur Hälfte Vertreter der Mieter und Vermieter[104] — „nach billigem Ermessen"[105]. Ihre Aufgaben wurden zwar schon 1923 eingeschränkt[106] und nach und nach ganz auf die Amts-

---

[97] Schon vor 1923 wird dieser Gesichtspunkt in gesetzlichen Bestimmungen zum Wohnraummietrecht genannt, vgl. z. B. § 3 Abs. 2 der Verordnung über Maßnahme gegen Wohnungsmangel vom 23. 9. 1918 (RGBl. S. 1143).

[98] Vgl. § 2 Abs. 2 des Mieterschutzgesetzes vom 1. 6. 1923 (RGBl. I, S. 353); § 3 Abs. 2 Wohnungsmangelgesetz vom 26. 7. 1923 (RGBl. I, S. 754); zum weiteren unter vielen anderen: § 1 Abs. 1, § 3 Abs. 1 der Verordnung zur Änderung des Mieterschutzrechts vom 7. 11. 1944 (RGBl. I, S. 319); §§ 8 Abs. 1, 9 Abs. 1, 7 a Abs. I Ziff. 1 Geschäftsraummietengesetz vom 10. 1. 1961 (BGBl. I, S. 13); § 2 Abs. 2 Satz 1, § 4 Abs. 1 Satz 1, 2 a, § 28 a Abs. 1 des Mieterschutzgesetzes (BGBl. III 402—12); § 6 Abs. 1, § 11 des Gesetzes über die Gewährung von Miet- und Lastenbeihilfen (BGBl. III 402—24, S. 85).

[99] §§ 554 a, 556 Abs. 2 durch Gesetz vom 29. 7. 1963 (BGBl. I, S. 505), § 549 Abs. 2 durch Gesetz vom 14. 7. 1964 (BGBl. I, S. 457).

[100] Bekanntmachung betreffend Einigungsämter vom 15. 12. 1914, RGBl. S. 511.

[101] So § 1 der in Anm. 100 zit. Verordnung; vgl. auch jeweils § 1 der Hamburger Gesetze über Mieteinigungsämter vom 25. 7. 1919 u. 1. 3. 1920 (GS I, S. 290 u. S. 58).

[102] Bekanntmachung zum Schutze der Mieter vom 26. 7. 1917, RGBl. S. 659; Anordnung für das Verfahren vor den Einigungsämtern vom 26. 7. 1917, RGBl. S. 661. Die Bekanntmachung wurde ersetzt durch diejenige zum Schutze der Mieter vom 23. 9. 1918, RGBl. S. 1140.

[103] § 3 der Anordnung vom 26. 7. 1917, aaO., Anm. 102.

[104] § 4 bzw. § 8 der Bekanntmachungen vom 26. 7. 1917 bzw. 23. 9. 1918, aaO., Anm. 102.

[105] §§ 38, 39 des Mieterschutzgesetzes vom 1. 6. 1923, RGBl. I, S. 353.

[106] § 37 Mieterschutzgesetz vom 1. 6. 1923, RGBl. I, S. 353; vgl. auch *Dräger:* Die Rechtsbeschwerde gegen Entscheidungen des Mieteinigungsamtes, S. 9.

gerichte übertragen[107]. Auch wurde die Mitwirkung von Laien abgeschafft[108]. Doch bestanden weiterhin im amtsgerichtlichen Verfahren Besonderheiten. Zwar wurde auch in diesen Verfahren die hierfür 1923 eingeführte[109] Mitwirkung von Mietern und Vermietern bei Aufhebungsklagen 1931[110] ebenfalls wieder abgeschafft. Es blieben jedoch die Verpflichtung des Richters, über den heutigen § 139 ZPO hinaus den Mieter über einzelne ihm zustehende Rechte zu belehren[111], die Möglichkeit der Vertretung durch Beauftragte anerkannter Miet- und Vermieterorganisationen[112], das Recht zur Ermittlung von Amts wegen[113] u. a. bestehen.

Hinzuweisen ist auch auf das besondere Rechtsmittel des Rechtsentscheides: Danach hatte die Beschwerdestelle eine Vorabentscheidung des nächsthöheren Gerichts herbeizuführen, wenn es von der Entscheidung einer anderen Beschwerdestelle abweichen wollte[114]. Diese Bestimmung war Vorbild, um im Rahmen der §§ 556 a ff. BGB in der Fassung vom 21. Dezember 1967[115], in denen die Zumutbarkeit ausdrücklich erwähnt wird, eine möglichst einheitliche Rechtsprechung zu sichern und gleichzeitig die für die Sache wichtige örtliche Nähe des erkennenden Gerichts zu erhalten[116].

Darüber hinaus wurden auch hier [vgl. schon oben IV 3., bei Anm. 93 ff.] in Nebengebieten des Wohnungsrechts — z. B. hinsichtlich der Behandlung der Ehewohnung bei Ehescheidung[117] — wiederum auch

---

[107] Vgl. 1. NotVO des Reichspräsidenten vom 1. 12. 1930 (RGBl. I, S. 517), 7. Teil, Kap. IV, Art. IV, Ziff. 8 (aaO., S. 599); 4. NotVO des Reichspräsidenten vom 8. 12. 1931 (RGBl. I, S. 699), 2. Teil, Kap. IV, Art. II (aaO., S. 708); Runderlaß des Reichs- und Preußischen Ministers des Innern vom 30. 3. 1936, Ministerialblatt des Reichs- und Preußischen Ministers des Innern Nr. 14, S. 346, vgl. auch S. 347; § 37 Mieterschutzgesetz in der Fassung vom 15. 12. 1942 (RGBl. S. 712).
[108] 4. NotVO des Reichspräsidenten vom 8. 12. 1931 (RGBl. I, S. 699), 2. Teil, Kap. IV, Art. 2 Ziff. 1 (aaO., S. 708).
[109] § 7 Mieterschutzgesetz vom 1. 6. 1923 (RGBl. S. 353).
[110] aaO., Anm. 108.
[111] § 4 Abs. 5 des Mieterschutzgesetzes in der Fassung vom 15. 12. 1942 (RGBl. I, S. 712).
[112] § 12 Mieterschutzgesetz, aaO. (Anm. 111), i. d. F. vom 15. 12. 1942, RGBl. I, S. 712.
[113] § 41 Abs. 3 Mieterschutzgesetz, aaO. (Anm. 112).
[114] § 47 Mieterschutzgesetz, aaO. (Anm. 112).
[115] BGBl. I, S. 1248 (§ 556 a Abs. 2 Satz 2 sowie §§ 556 b Abs. 1, 556 c Abs. 2 Satz 2 i. V. m. § 556 a).
[116] Vgl. zu dieser Begründung Roquette: Neues Soziales Mietrecht, S. 142 Rn. 1.
[117] VO über die Behandlung der Ehewohnung und des Hausrats vom 21. 10. 1944, RGBl. I, S. 256: Zumutbarkeit in §§ 9 Abs. 1, 13 Abs. 5 Satz 1, FGG-Verfahren nach § 13 Abs. 1.

unter gleichzeitiger Erwähnung der Zumutbarkeit an Stelle des Verfahrens nach der Zivilprozeßordnung das nach dem Gesetz über die Freiwillige Gerichtsbarkeit eingeführt.

Der aufgezeigte Zusammenhang zwischen Rechtsgebieten, in denen die Zumutbarkeit heute nicht mehr wegzudenken ist, mit besonderen Formen der Streitbeilegung kann dabei nicht dahingehend verstanden werden, die Zumutbarkeit sei nur dort von Bedeutung, wo das Streitverfahren abweichend von der Zivilprozeßordnung gestaltet ist. Dem steht schon die fast uneingeschränkte Verwendung dieses Gesichtspunktes in nahezu allen Rechtsbereichen entgegen. Die Beispiele machen nur deutlich, daß in den Rechtsgebieten, von denen aus die Zumutbarkeit ihre Anerkennung als allgemeiner Rechtsgrundsatz erfahren hat — Aufwertungsrechtsprechung, Vertragshilfe, Arbeits-, Sozial- und Mietrecht[118] —, immer wieder besondere, von der Zivilprozeßordnung abweichende Formen der Streitbeilegung bestanden haben und überwiegend noch heute bestehen. Zudem steht die erste größere Reform der Zivilprozeßordnung von 1924, mit der die Umgestaltung des Verfahrens von einer rechtenden Auseinandersetzung der Parteien zu einer Arbeitsgemeinschaft zwischen den Beteiligten und die Wandlung des Richteramtes entsprechend den zunehmenden sozialstaatlichen Anforderungen ihren Anfang nahm[119], in Zusammenhang mit den Rechtsproblemen, die auch zu einer größeren Anerkennung des Gesichtspunkts der Zumutbarkeit führten [vgl. auch oben IV 3., nach Anm. 62].

5. Zusammenfassende Kennzeichnung

Die genannten Formen einer besonderen Streitbeilegung ließen sich noch mehr differenzieren, ohne daß das Spektrum einer abgestuften Teilhabe der Parteien an der Erörterung und Erledigung ihrer strittigen Angelegenheit auf ein einheitliches Verfahren der Friedensstiftung reduziert werden kann.

a) Unvollkommene Auseinandersetzung der Parteien

Gemeinsam ist diesen Verfahren aber zumindest — und darin treffen sie sich mit der für die Zumutbarkeit kennzeichnenden Einschätzung

---

[118] Vgl. zu einigen dieser Rechtsgebiete als Ausgangspunkt für die Zumutbarkeit u. a. *Hedemann:* Die Flucht in die Generalklauseln, S. 13 ff., 17.
[119] Dazu eingehend *Brüggemann:* Judex statutor und judex investigator, S. 53 ff., S. 91 ff.

78 IV. Die Zumutbarkeit in besonderen Verfahren der Streitbeilegung

von Streitverhältnissen[120] — eine im Vergleich zum Urteil in stärkerem Maße an der konkreten Situation orientierten Erledigung der strittigen Angelegenheit.

Diese Situationsbezogenheit gilt auch noch für das in der weiteren Entwicklung vom Gesetzgeber mehr bevorzugte [vgl. oben IV 3., bei Anm. 93 ff.; IV 4., bei Anm. 117] Verfahren der Freiwilligen Gerichtsbarkeit[121]. Zwar wirken bei diesem Verfahren die Parteien weder direkt noch über Personen aus ihrem Lebenskreis bei der Schlußberatung und Entscheidung der strittigen Angelegenheit mit. Doch wird auch hier das Geschehen nicht auf einen subsumtionsfähigen Sachverhalt reduziert. Es fehlt beim Verfahren der Freiwilligen Gerichtsbarkeit in der Regel schon die für ein „schlüssiges" Verfahren kennzeichnende [vgl. oben II 1 a), bei Anm. 10; II 2., bei Anm. 31] Zuspitzung der Angelegenheit auf ein „Entweder-Oder"[122]. Auch sind die Parteien nicht soweit auseinander- und entgegengesetzt, daß sich ihre Rolle auf diejenige eines Klägers oder Beklagten reduziert[123]. Diese unvollkommene Entgegensetzung wird zudem noch durch zusätzliche Beteiligte, die häufig mit einer der Parteien verbunden sind und von der Entscheidung mit betroffen werden, weiter relativiert[124]. Hinsichtlich der rechtlichen Ausgestaltung zeigt sich diese unvollkommene „Schlüssigkeit" u. a. in Anhörungs- und Mitwirkungsrechten Dritter, in der mangelhaften Reduktion der strittigen Angelegenheit auf einen Streitgegenstand[125] im prozeßrechtlichen Sinne und — damit verbunden[126] — in der weniger abschließenden Form der Streitbeilegung: Die hier im Regelfall fehlende Rechtskraft beruht nicht darauf, daß die getroffene Entscheidung weniger „richtig", sondern nur nicht im selben Sinne „richtig" sein kann[127] wie das Urteil: Das Streitverhältnis wird nicht soweit aufge-

---

[120] Zur Situationsbezogenheit der Zumutbarkeit u. a.: *Henkel:* Recht und Individualität, S. 45 ff., 80; ders., Zumutbarkeit und Unzumutbarkeit als regulatives Rechtsprinzip, in: Festschrift für *Ed. Mezger*, S. 249 ff. (S. 267 ff., 303 ff.); *Jerusalem:* Die Zerstörung im Rechtsdenken, S. 214 ff.; *Stödter:* Öffentlich-rechtliche Entschädigung, S. 207 ff.

[121] Zur Entwicklung bis 1943 vor allem *Bosch:* Zivilprozeß und Freiwillige Gerichtsbarkeit, AcP 149 (1944), S. 32 ff.; zur weiteren Entwicklung bis zur Gegenwart *Brüggemann:* Judex statutor und judex investigator, S. 83 ff.

[122] Vgl. *Wieacker:* Richtermacht und privates Rechtsverhältnis, AöR 68 (n.F. 29/1938), S. 1 ff. (11); *Brüggemann:* Judex statutor und judex investigator, S. 77 ff.

[123] *Brüggemann:* Judex statutor und judex investigator, S. 70 ff.

[124] Dazu näher *Brüggemann*, aaO. (Anm. 123), S. 72, 314 ff. sowie hinsichtlich der ZPO: S. 45.

[125] *Brüggemann*, aaO. (Anm. 123), S. 74.

[126] Zum Zusammenhang von Streitsache und Rechtskraft, *Brüggemann*, aaO. (Anm. 123), S. 73; vgl. auch *Zeuner:* Rechtskraft, S. 41, 116 ff.

[127] Dazu näher u. a. *Dorndorf:* Rechtsbeständigkeit von Entscheidungen in der FG, S. 36, 115 ff.

5. Zusammenfassende Kennzeichnung

arbeitet, daß zu dem Ergebnis im besten Falle jedermann zu jeder Zeit kommen müßte[127a].

Die fehlende Reduktion dieser Angelegenheiten auf die Schlußlage des Urteils bedeutet nicht, eine solche Aufarbeitung sei in diesen Lagen prinzipiell unmöglich. Es müßte z. B. bei einem Vertrag nur — wie oben schon ausgeführt wurde [III 1., nach Anm. 3] — ein von allen Umständen, die die getroffene Absprache in Frage stellen könnten, abgesehen werden und die vertraglich versprochene Leistung als ein von der Person des Schuldners bei Vertragsschluß schon getrennter Gegenstand vorgestellt werden, so daß — entsprechend der Lage beim Handgeschäft [vgl. oben III 1., nach Anm. 3; III 4., 1. Abs.] — die Leistung vor ihrer Veräußerung als entäußert erscheint. Im Arbeitsrecht müßte z. B. das Vermögen, Arbeit zu leisten, als ein selbständiger dem Arbeitnehmer nur noch anhängender Gegenstand bewertet werden, so daß im Extremfall jede spätere Beeinträchtigung dieses Vermögens z. B. durch Krankheit als ein Fehler der veräußerten Ware Arbeitskraft erscheinen und nach den Sachmängelvorschriften des Kaufrechts zu mindern oder zu wandeln wäre. Alle persönlichen Umstände des Arbeitnehmers wären also nur noch so weit erheblich, wie sie sich als Mangel der veräußerten Leistung darstellen.

Auch eine Vertragshilfe wäre bei einer derart rigorosen Unterstellung von Personenbeziehungen unter den Sonderfall eines Handgeschäfts entbehrlich. So könnte z. B. derjenige, „dem sein bis zu Ende des Jahres laufender Lohn in einer binnen der Zeit verschlechterten Münzsorte bezahlt wird, ... sich nicht auf sein Recht berufen, deshalb schadlos gehalten zu werden, sondern nur die Billigkeit zum Grunde anrufen (eine stumme Gottheit, die nicht gehört werden kann): weil nichts hier-

---

[127a] Entsprechendes wie zum FGG-Verfahren ließe sich für den einstweiligen Rechtsschutz ausführen, der häufig insbesondere von Kaufleuten, soweit sie nicht den Weg über Schiedsgerichte nehmen, an Stelle des ordentlichen Verfahrens gewählt wird. Auch dieses Verfahren zeichnet sich durch eine unvollkommene Verkürzung des Streitverhältnisses auf ein Entweder/Oder, die mangelhafte Zuspitzung auf einen Anspruch oder einen Streitgegenstand aus. Dabei kann es nicht als Widerspruch gewertet werden, daß gerade Kaufleute den einstweiligen Rechtsschutz oder ein Schiedsgerichtsverfahren vorziehen, obwohl der Kauf als Prototyp des Vertrages am ehesten den Bedingungen eines rein urteilenden Verfahrens entspricht [vgl. oben II 2.]. Denn für diese Verfahrenswahl ist — neben der Zeitdauer — gerade auch bestimmend, daß im Urteilsverfahren die Auseinandersetzung durch eine Vollendung derselben bei Reduktion der Beziehungen auf solche beliebiger Personen zueinander beendet wird, während Kaufleute im Interesse der Fortsetzung ihrer auf Dauer angelegten Geschäftsbeziehungen — also auf Grund einer auch persönlichen Beziehung [oben III 5., bei Anm. 94] — im Regelfall stärker an einem versöhnlichen, partnerschaftlichen Ausgleich interessiert sind. Vgl. *Berges*: Recht und Billigkeit im Zivilprozeß, in: BB 1970, S. 1489.

über im Kontrakt bestimmt war, ein Richter aber nach unbestimmten Bedingungen nicht sprechen kann"[128].

b) *Mitwirkung der Parteien als Korrektiv fehlender rechtender Streitbeilegung*

Berücksichtigt man aber, daß — wie oben [III 2., nach Anm. 29] bereits ausgeführt — jede Möglichkeit fehlt, anhand empirischer Bedingungen mit Notwendigkeit zu bestimmen, ob eine dauerhafte Selbstbestimmung bei Vertragsschluß vorgelegen hat, so ist in Fällen, bei denen empirische Bedingungen fehlen, unter denen eine Selbstbestimmung der Parteien wenigstens wahrscheinlich ist, ein richterliches Urteil in jeder Hinsicht ausgeschlossen:

Die alleinige Maßgeblichkeit der Parteivereinbarung, d. h. die ungeprüfte Perpetuierung des einmaligen Einigseins der Parteien zu einem Zeitpunkt wäre willkürlich, weil gerade Mittel zur Sicherung einer dauerhaften Selbstbestimmung fehlen und die Parteien durch die Anrufung des Richters zum Ausdruck bringen, daß das in diesen Lagen vorausgesetzte Vermögen der Parteien, ihre Beziehungen zueinander während der ganzen Vertragsdauer selbst zu bestimmen, versagt hat [vgl. oben III 5., Abs. nach Anm. 100].

Aber auch eine richterliche Vertragsgestaltung ist in diesen Lagen willkürlich. Das gilt jedenfalls so lange, wie der Richter in der Rolle eines außenstehenden Dritten verharren dürfte, der die Sache lediglich beurteilt, obwohl die Beziehungen der Parteien nicht bis zur Lage eines beurteilungsfähigen Falles aufgearbeitet werden und damit zugleich auch die Mittel, die ein angemessenes Ergebnis bei der Beurteilung einer Angelegenheit durch einen außenstehenden Dritten sichern — Reduktion der Parteibeziehungen auf solche beliebiger Personen, Darstellung des Ergebnisses in anerkannten Formen u. a. —, fehlen. Anders verhält es sich, wenn die im rechtenden Verfahren vorhandenen Sicherungen durch andere ersetzt werden.

In diesem Sinne sind die besonderen Streitverfahren zu werten, die sich gerade in solchen Rechtsgebieten finden, in denen die Zumutbarkeit nicht mehr wegzudenken ist: An Stelle der Beurteilung durch einen außenstehenden Dritten tritt die Einschätzung unter Mitwirkung der Parteien oder zumindest von Personen aus ihrem Lebenskreis. Das freiere Walten des Richters erhält ein Korrektiv durch die Beteiligung der Parteien, wobei sich diese Mitwirkung und Teilhabe der Parteien an der Erledigung der strittigen Angelegenheit vielfältig abstufen läßt und — wie allein schon die genannten Verfahren zeigen — auch immer

---

[128] *Kant:* Metaphysik der Sitten, Ak. Ausg. S. 234/235 (*Vorländer* S. 39/40).

wieder abgestuft worden ist: angefangen von einer Einigung der Parteien oder einer nachträglichen Unterwerfung unter einen Schiedsspruch über eine Vereinbarung zur Zusammensetzung des Schiedsgerichts oder wenigstens die Bestimmung jeweils eines Beisitzers durch eine Partei — sei es nach eigenem Belieben, sei es nur aus einer von dritter Seite aufgestellten Beisitzerliste — bis hin zu einem Schiedsgericht, auf dessen Zusammensetzung die Beteiligten keinen Einfluß mehr haben, in dem aber noch jeweils ein Beisitzer aus dem Berufs- und Lebenskreis jeder Partei mitwirkt.

Eine solche Mitwirkung der Parteien als Korrektiv für eine weniger allgemeine Streitbeilegung hat offenbar schon bei den *bonae fidei iudicia* des römischen Rechts, aus denen die *contractus bonae fidei* im Sinne des gemeinen Rechts [dazu oben III 5., bei Anm. 95] entwickelt worden sind, bestanden. Diese Klagen *ex fide bona* waren ursprünglich keine zivilen Klagen. Sie beruhten auf der *fides*[129]. In welcher Weise ihre Klagbarkeit Anerkennung gefunden hat, ist im einzelnen angesichts der Quellenlage nicht mit Sicherheit zu ermitteln. Jedenfalls waren sie schon vor den *leges Juliae* (17 v. Chr.)[130] und auch vor der *lex Aebutia* (2. Jahrh. v. Chr.[131]), auf die Gaius[132] die Geltung des Formularprozesses als ordentliches Verfahren zurückführt, ausgebildet[133]. Andernfalls müßte man annehmen, daß gerade die formfreien Geschäfte des täglichen Lebens, wie Konsensualkauf, Miete, Mandat, *societas* noch während einer hochentwickelten Zeit nicht klagbar gewesen seien[134].

Ursprünglich liegt diesen Klagen offenbar ein zweiseitiges Parteiabkommen außerhalb des ordentlichen Verfahrens zugrunde, in dem sich die Streitteile auf eine gemeinsame Vertrauensperson einigen, die den Streit schlichten und notfalls auch bindend entscheiden sollte[135]. Der Prätor knüpft an diese privatisierte Form der Friedensstiftung an, indem er zunächst der freiwilligen Einigung noch eine amtliche An-

---

[129] Vgl. *Kunkel:* Fides als schöpferisches Element im römischen Schuldrecht, in: Festschrift für Paul Koschacker, Bd. 2, S. 1 ff. (insbes. 4 ff.); *Kaser:* Mores maiorum und Gewohnheitsrecht, in: Sav. Zeitschrift, Rom. Abt. Bd. 59 (1939), S. 52 ff. (69 ff.); ders. Das altrömische jus., S. 290 ff. u. Anm. 1 m. w. N.
[130] Zur Datierung *Kaser:* Das römische Zivilprozeßrecht, S. 115 u. Anm. 69 m. w. N. (§ 22 III 2).
[131] Zur Datierung *Kaser:* aaO. (Anm. 130), S. 114 u. Anm. 59 m. w. N. (§ 22 III 1).
[132] Gai. 4,30 (Gai. Institutiones, ed M. David, 1. Auflage, Leiden 1948, S. 125).
[133] So u. a. *Kaser:* Das altrömische jus., S. 295, 299 ff.; *Mitteis:* Römisches Privatrecht, Bd. 1, S. 45; *Broggini:* Judex Arbiterve, S. 190, 217, 218 ff., 227 ff.
[134] *Mitteis,* aaO. (Anm. 133), Bd. 1, S. 45; *Kaser,* aaO. (Anm. 133), S. 295, 296 ff.
[135] *Broggini,* aaO. (Anm. 133), S. 190, 195 ff., 204, 217, 218 ff.; vgl. auch *Kaser,* aaO. (Anm. 130), S. 113 (§ 22 II 2); *Mitteis,* aaO. (Anm. 133), S. 50 ff.

erkennung und Bekräftigung hinzufügt und den von den Parteien berufenen *arbiter* zusätzlich mit einer *potestas iudicandi* ausstattet. Dieses Verfahren erhält allmählich einen zwingenden, von dem Parteiwillen losgelösten Charakter, da der Beklagte nicht ohne weiteres die Unterwerfung unter das *arbitrium* eines *vir bonus* ablehnen konnte[136].

Inwieweit diese Deutung im einzelnen durch Quellen zu belegen ist, braucht hier nicht erörtert zu werden. Bedeutsam ist in diesem Zusammenhang allein der Gedanke, daß ursprünglich das freiere Walten des *arbiter* im Bereich der *bonae fidei iudicia* ein Korrektiv dadurch erhielt, daß er nur bei einer entsprechenden Vereinbarung der Parteien tätig werden konnte. Bei allem Streit mußte zumindest noch soviel Einigkeit zwischen den Parteien bestehen, daß man sich gemeinsam auf eine Vertrauensperson einigen konnte.

---

[136] Dazu im einzelnen *Broggini:* Judex Arbiterve, S. 190, 204, 231.

V. Beurteilungsfreie Streitbeilegung

Die geschilderten Verfahren treffen — trotz der hier erforderlichen Mitwirkung des Betroffenen — noch nicht die Lagen einer Streitbeilegung, die in jedem Fall dem Zumutesein der Beteiligten gerecht werden. Das gilt jedenfalls insoweit, wie in den meisten der genannten Verfahren der Streit auch ohne Zustimmung des Betroffenen selbst zum Abschluß gebracht werden kann. Anders verhält es sich, wenn bei Verfahren die Zustimmung des Betroffenen Voraussetzung für eine endgültige Beendigung des Verfahrens ist, sei es auch nur, daß z. B. die Unterwerfung unter den Schiedsspruch notwendig ist. Eine Form der Friedensstiftung, die nur im Falle der Zustimmung des Betroffenen erfolgreich ist, besteht bei allen Verfahren, die eine gütliche Einigung der Parteien voraussetzen.

1. Das Verfahren vor dem Schiedsmann

Eine solche Form der Friedensstiftung findet sich z. B. bei dem Verfahren vor dem Schiedsmann. An Hand dieser bald 150 Jahre alten Institution[1] lassen sich einige Züge einer dem unmittelbaren Zumutesein der Parteien entsprechenden Friedensstiftung aufzeigen, während z. B. die Zivilprozeßordnung über das Güteverfahren im einzelnen kaum etwas sagt. Vielmehr wurde hier der Gütegedanke — Hand in Hand mit der Reduzierung von engeren Personenbeziehungen auf Vertragsbeziehungen und der Bewertung des Vertrages nach den Regeln des Kauf- und Handelsrechts [vgl. oben III 4., bei Anm. 82] — fast gänzlich eliminiert[2] und erst später wieder verstärkt, ohne dabei — im Unterschied zu früheren Gesetzen[3] — das Güteverfahren näher auszugestalten.

---

[1] Die erste Schiedsmannsordnung für Preußen stammt vom 7. 9. 1827: veröffentlicht in: Amtsblatt der Regierung Gumbinnen Nr. 43 vom 24. 10. 1827, wieder abgedruckt in: SchMZ 1927, 2. Jg., S. 146 ff.

[2] Nur § 268 CPO blieb; vgl. u. a. *Brüggemann:* Judex statutor und judex investigator, S. 438 ff.; *Schwartz:* Vierhundert Jahre deutsche Civilprozeß-Gesetzgebung, S. 390 ff.

[3] Vgl. z. B. die preußische Allgemeine Gerichtsordnung von 1793, 1. Teil, 11. Titel: „Vom Versuch der Sühne und wie dabei zu verfahren" (§§ 1—14), in: Neue Ausgabe dieser Gerichtsordnung, Berlin 1816, S. 357 ff.

a) Äußere Verfahrensgestaltung

Schon in der äußeren Verfahrensgestaltung zeigen sich Besonderheiten gegenüber einer rechtenden Erörterung: Das Verfahren ist ganz auf die Schaffung einer versöhnlichen Stimmung eingerichtet. Neben dem „einigenden Glas Bier"[4], dem „rechtzeitigen Griff zur Zigarrenkiste"[5] gehört dazu vor allem eine friedvolle Atmosphäre: Man vermeidet den Amtsraum[6], bevorzugt wegen seiner „natürlichen Wärme"[7] das Gespräch am Wohnzimmertisch[8]. Ein Schiedsmann geht sogar so weit, in schwierigen Fällen die Verhandlungen in eine ausgediente Postkutsche[9] zu verlegen[10], um die Parteien, sei es mittels des *spiritus loci*, sei es durch die vorhandene Enge, wieder zueinanderzubringen. Ist eine solche Räumlichkeit nicht vorhanden, so wird empfohlen, den Verhandlungsraum mit erheiternden, begütigenden oder belehrenden Sprechzimmerversen auszustatten[11], von deren Wirkung auf das Gemüt der Parteien ein Schiedsmann zu berichten weiß, sie hätten die Vergleichsbereitschaft um 50 % erhöht[12]. In jedem Fall solle man die Parteien sich setzen lassen, wenn auch anfangs nicht zu nahe, da Handgreiflichkeiten nicht ausgeschlossen werden können[13]. Das Setzen hemme den Redeschwall[14]. Zudem scheint die physische Standpunktlosigkeit auch die psychische zu fördern.

---

[4] „Das einigende Glas Bier und eine Sitzung beim Kölner Arbeitsgericht", in: Godesberger Volkszeitung vom 3. 10. 1930, wiedergegeben in: SchMZ, 5. Jg. 1930, S. 187.

[5] Vgl. den Bericht von *Kamm*, in: SchMZ 1928, 3. Jg., S. 139 ff. (140).

[6] Gutachten des Niedersächsischen Landgemeindetages vom 23. 11. 1953, in: SchMZ, 25. Jg. 1954, S. 166 ff. (167); *Stechmann*: Amtsraum oder Privatwohnung?, in: SchMZ, 25. Jg. 1954, S. 101 ff.; *Lüttinghaus*: Zur Frage des Amtsrocks, in: SchMZ 1929, S. 100 ff. (101).

[7] *Jahn*: Die soziale Bedeutung des Schiedsmannsamtes in Vergangenheit und Gegenwart, in: SchMZ 1965, S. 38 ff. (39).

[8] *Jahn*: Amtszimmer und Sprechzimmervergütung des Schiedsmanns, in: SchMZ, 33. Jg. 1962, S. 133, 134; *Preßler*: Amtsraum oder Privatwohnung, in: SchMZ, 27. Jg. 1956, S. 83 ff. (84); *Stechmann*: Amtsraum oder Privatwohnung, in: SchMZ, 25. Jg. 1954, S. 101; Gutachten des Niedersächsischen Landgemeindetages, aaO. (Anm. 6), S. 167.

[9] Siehe Bericht über die Tätigkeit des Schiedsmanns *Knolle*, in: SchMZ 1954, 25. Jg., S. 154.

[10] Siehe den Bericht über die Tätigkeit des Schiedsmanns *Knolle*, aaO. (Anm. 9), S. 154.

[11] Vgl. dazu: *Lassig*: Mittel zur Herbeiführung eines Vergleichs im Sühnetermin, in: SchMZ, 15. Jg. 1940, S. 83 ff. (85); *Kamm*: Wie ich meine Vergleiche erziele, in: SchMZ 1928, 3. Jg., S. 50 ff. (53).

[12] *Ritterbusch*: Wie ich meine Vergleiche erziele, in: SchMZ, 12. Jg. 1937, S. 187.

[13] *Giradet*: Etwas aus der Praxis, in: SchMZ, 2. Jg. 1927, S. 205.

[14] *Bode*: Die Kunst des Schlichtens, in: SchMZ, 3. Jg. 1928, S. 54 ff. (56).

1. Das Verfahren vor dem Schiedsmann

Dagegen lähmt das kühle Klima eines offiziellen Amtsraumes — wie überhaupt jeder öffentliche Charakter einer Sühne- oder Vergleichsverhandlung — die Bereitschaft der Parteien, einander entgegenzukommen[15]. Sie bleiben je nach Temperament befangen, unzugänglich oder unnachgiebig, sei es, daß jede meint, ihre Nachgiebigkeit könne in der Öffentlichkeit als Schwäche oder als Eingeständnis der Nichtigkeit ihres Ansinnens ausgelegt werden, sei es, daß sie befürchtet, eine öffentlich gemachte Äußerung nicht widerrufen zu können.

In dieser Haltung der Parteien spiegelt sich nur wider, daß auch die Öffentlichkeit ein entsprechendes Verhalten von ihnen erwartet: Will der einzelne mit seinem Streit Beachtung finden, so hat er sich so zu verhalten, wie man es von einer Person in dieser Lage erwartet. Er ist Verletzter oder Täter, Kläger oder Beklagter. Als solcher hat er einen festgelegten Standpunkt, eine bestimmte Haltung einzunehmen. Wer in dieser Lage leichtfertig zum Gegner Kontakt aufnimmt oder eine versöhnliche Geste macht, läuft Gefahr, seine Position zu beeinträchtigen. In der Öffentlichkeit wird eine solche Äußerung in stärkerem Maße unabhängig davon gewertet, aus welcher augenblicklichen Laune heraus sie gemacht wurde, so daß der Betreffende sogar — wie es in älteren Gesetzen ausdrücklich bestimmt war — sein Klagerecht verwirken kann, wenn er z. B. als Beleidigter „mit dem Beschimpfer ohne großnotwendige Ursache oder Protestation wiederum öffentlich speiset, trinkt, spielt oder sonst freundlichen Umgang und Konversation pfleget"[16].

Inwieweit es dem Schiedsmann gelingt, die Abneigung der Parteien zu einer gütlichen Einigung zu überwinden, hängt von seiner persönlichen Qualifikation ab. Neben Einfühlungsvermögen, Verständnis und Geduld[17] sind Menschenkenntnis, Takt[18], Humor[19] und Anteilnahme er-

---

[15] *Jahn:* Amtszimmer und Sprechzimmervergütung des Schiedsmanns, in: SchMZ 1962, 33. Jg., S. 133 ff. (134).

[16] Kap. 17, § 12 des Chur-Bayer.-Landrechts von 1756, wiedergegeben bei *Jarcke:* Beiträge zur Revision der preußischen Strafgesetzgebung, in: Hitzig's Zeitschrift für die Criminal-Rechts-Pflege in den preußischen Staaten, Bd. 18, Berlin 1931, Heft 35, S. 1 ff. (38 ff., Zitat: S. 45). So auch Titel 46, Art. 5 des Landrechts der Fürstenthumben Obern und Niedern Bayern von 1616 (bei *Jarke,* aaO., S. 22 ff., 29) und Art. IV, § 5 des 9. Titels des 6. Buches des Landrechts für das Herzogtum Preußen von 1620 (bei *Jarcke,* aaO., S. 10 ff., 20).

[17] *Jahn:* Die soziale Bedeutung des Schiedsmannsamtes in Vergangenheit und Gegenwart, in: SchMZ, 36. Jg. 1965, S. 38.

[18] *Bode:* Die Kunst des Schlichtens, in: SchMZ, 3. Jg. 1928, S. 54 ff. (57).

[19] *Klein:* Humor als Friedensstifter, in: SchMZ 1942, 17. Jg., S. 80 ff.; Rudolf *Kamm:* Wie man Vergleiche erzielt, in: SchMZ, 3. Jg. 1928, S. 50 ff. (52).

forderlich[20]. In aller Regel wird er auf jede Betonung seiner amtlichen Stellung z. B. durch Robe, Titel[21], erhöhten Sitz oder Zwangsmaßnahmen[22] verzichten[23] und statt dessen die Verhandlung im Sinne einer persönlichen Aussprache führen[24].

b) *Auflösung der gegensätzlichen Standpunkte*

Zur Weckung der Vergleichsbereitschaft schlägt der Schiedsmann Wege ein, die den Besonderheiten des Streitfalls und dem Gemüt der Parteien angepaßt und in einem gerichtlichen Verfahren kaum vorstellbar sind: Hingewiesen sei z. B. auf das von einem Schiedsmann in einem Fall gewählte Verfahren, mittels geistiger Getränke auf die Streit- und Standpunkte zweier zerstrittener Schwäger derart einzuwirken, daß die Streithähne am Ende des Sühnetermins — auf gegenseitige Stützung angewiesen — die Tagungsstätte wieder verließen[25]. In anderen Fällen wird es der Schiedsmann in Kauf nehmen, daß der Streit — z. B. anläßlich der Schilderung der Vorfälle — von neuem ausbricht. Immerhin hat er dann die Parteien aus ihrer Reserve gelockt, die gestörten Beziehungen in ihre Ausgangslage zurückgebracht, den Streit nicht nur vergegenwärtigt, sondern gegenwärtig, so daß der Schiedsmann Gelegenheit hat, die seinerzeit fehlgegangene persönliche Begegnung in andere Bahnen zu lenken und friedlich ausklingen zu lassen. So versichern Schiedsmänner immer wieder, die Ruhe, die nach einem solchen Streit einkehre, sei der geeignete Augenblick, um einen Vergleich anzubahnen. Die Parteien haben sich alles gesagt, und man dürfe ihnen nur keine Zeit lassen, sich innerlich für einen neuen Angriff zu sammeln[26].

In der Regel wird sich der Schiedsmann darum bemühen — im Gegensatz zur Prozeßökonomie und Konzentrationsmaxime des gericht-

---

[20] So noch §§ 2, 10 der 1. Schiedsmannsordnung für Preußen vom 7. 9. 1827, Nr. 43 des Amtsblatts der Regierung zu Gumbinnen vom 24. 10. 1827, wieder abgedruckt in: SchMZ 1927, 2. Jg., S. 146 ff.

[21] *Hagenow*: Amtsrock und Titel, in: SchMZ, 4. Jg. 1929, S. 165; *Steinbach*: der Schiedsmann im Amtsrock, in: SchMZ 1928, 3. Jg., S. 107; anders dagegen: *Kaven*: Zum Schluß noch einmal zum Amtsrock, in: SchMZ, 3. Jg. 1928, S. 146.

[22] So ausdrücklich: § 16 Abs. 1 der 1. Schiedsmannsordnung, aaO. (Anm. 20).

[23] *Meltzer*: Der Schiedsmann als Verhandlungsleiter, in: SchMZ, 15. Jg. 1940, S. 106 ff.

[24] *Seifert*: Friedensgerichte, in: SchMZ, 6., Jg. 1931, S. 185.

[25] Vgl. *Rieder*: Unvergeßliches aus meiner Schiedsmannstätigkeit — Fall 2, in: SchMZ 1955, 26. Jg., S. 75 ff. (76); vgl. auch *Bode*: Der Einwand der Versöhnung im Schiedsverfahren, in: SchMZ 1938, 13. Jg., S. 65 ff. (66).

[26] *Schelling*: Der Gang des Sühneverfahrens, in: SchMZ 1928, 3. Jg., S. 22 ff. (27); vgl. auch G.*Seifert*: Zu den Friedensgerichten, in: SchMZ, 6. Jg. 1931, S. 185.

lichen Verfahrens —, den Streitpunkt zunächst auszuklammern[27] und die Parteien nach ihren persönlichen Beziehungen befragen, frühere freundschaftliche Bindungen hervorzuheben, auf das gegenseitige Angewiesensein, z. B. als Nachbarn, hinzuweisen usw.[28]. Dem Streitpunkt widmet sich der Schiedsmann nur insoweit, wie das angesichts der jeweiligen Gesprächslage unvermeidbar ist. Er klärt z. B. den Sachverhalt durch Zeugen allenfalls dann auf, wenn eine Partei angesichts der tatsächlichen Lage ihren Irrtum einsehen und sich nicht auf ihren Standpunkt versteifen wird[29]. In erster Linie kommt es dem Schiedsmann darauf an, entsprechend dem konkreten Streitstand den Streitpunkt zu bagatellisieren, als verständliche — wenn auch zu mißbilligende Entgleisung zu charakterisieren, aus der Sicht beider Parteien darzustellen oder mit begütigenden Worten für erledigt auszugeben.

2. Oblivion als Ziel gütlicher Friedensstiftung

Das Bemühen des Vermittlers, insbesondere des Schiedsmanns, um ein persönliches, freimütiges Gespräch unterscheidet sich damit grundlegend von der streitigen Erörterung der Angelegenheit als Fall in einem gerichtlichen Verfahren:

Bei einem streitigen Verfahren bildet das vergangene Geschehen den Ausgangspunkt, um das Verhältnis der Parteien für die Zukunft zu bestimmen. Bedeutsam ist das zum Sachverhalt verkürzte Verhalten, das zum Akzept nivellierte Akzeptieren oder das zum Vertrag reduzierte Vertragen. Auch der Klaganspruch entspringt nicht dem Ansprechen, mit dem man sich dem begegnenden Nächsten aufgeschlossen und unvoreingenommen nähert, erwächst vielmehr aus einem früheren Verhalten. Schon wenn sich jemand mit einem bestimmten Vorhaben an einen Dritten wendet, wird der Dritte aus der Vergangenheit bestimmt[30]. Er wird angesprochen, weil er nach den gemachten Erfahrungen mit ihm für das Vorhaben brauchbar erscheint. In entsprechender Weise bestimmt eine Partei, der die Bereitschaft zur gütlichen Einigung fehlt, den Gegner unabhängig von dem Verhalten, das er nunmehr an den Tag legt [vgl. oben II 2., b) bei Anm. 45]. Bei einem konsequenten Standpunkt mag sich der andere geben, wie er will. Was er für den Gegner bedeutet, steht in jedem Fall fest. An die Stelle des unmittel-

---

[27] *Bode:* Die Kunst des Schlichtens, in: SchMZ, 3. Jg. 1928, S. 54 ff. (57).
[28] *Giradet:* Zur Psychologie des Vergleichs, in: SchMZ, 2. Jg. 1927, S. 104.
[29] *Liedgens:* Die Vernehmung von Zeugen durch den Schiedsmann, in: SchMZ, 26. Jg. 1955, S. 73; *Kraus:* Sitzungspolizeigewalt für den Schiedsmann, in: SchMZ, 26. Jg. 1955, S. 122.
[30] Vgl. dazu auch *Theunissen:* Der Andere, S. 296.

baren, gegenwärtigen Eindrucks setzt der Gegner das Bild, das er sich anläßlich des Vorfalls von ihm gemacht hat. Der eingenommene Standpunkt gründet in einer Repräsentation[31]: in der ständigen Vergegenwärtigung, der Vergegenständlichung, der Perpetuierung des einmal gewonnenen Bildes.

Maßgebend für die Ausgrenzung des Wirklichen[32] in einem rechtenden Verfahren ist demnach eine spezifische zeitliche Hinsicht: Die Bestimmung der Zukunft aus der Verlängerung der Vergangenheit, in der die Gegenwart nur als der Schluß der abgelaufenen Zeit erscheint[33]. Diese Zeitlichkeit beherrscht schon die oben näher dargestellte Gesprächssituation des Beredens, die bei einer rechtenden Erörterung vorherrschend ist [II 2. c) bb), nach Anm. 76 ff.]: Im Bereden kommt nur zur Sprache, was schon „wahrgenommen, gesehen, gehört, äußerlich gefühlt"[34] worden ist. Die Beredenden ziehen Folgerungen aus dem vorgestellten, gewesenen, erinnerten Geschehen[35].

Demgegenüber ist bei einem Güteverfahren eine entgegengesetzte Blickrichtung vorherrschend: Die Streitigkeit soll nicht zum Ausgang genommen werden, um die künftigen Beziehungen der Parteien zueinander festzulegen. Der Vorfall soll auch nicht — wie z. B. bei einem Vergleich (§ 779 BGB) — unter Wahrung der gegensätzlichen Standpunkte lediglich durch teilweises gegenseitiges Nachgeben erledigt werden. Er soll vielmehr als bloßer Zwischenfall „verziehen und vergessen"[36] und durch den Einklang ersetzt werden, der sich gewöhnlich in einer von gegenseitigem Verständnis getragenen persönlichen Begegnung, in der allein das gegenwärtige Zumutesein der Gesprächspartner bestimmend ist, einstellt. In diesem Sinne sind die oben [V 1. b), nach Anm. 24] gekennzeichneten Bemühungen des Schiedsmanns darauf gerichtet, die gegensätzlichen Standpunkte aufzulösen und das Bild, das sich die Parteien aufgrund der Auseinandersetzung voneinander gemacht haben, durch den unmittelbaren Eindruck zu ersetzen, der sich aus dem gegenwärtigen Gespräch mit dem anderen ergibt. Jedem erfolgreichen Sühneversuch liegt automatisch eine Oblivionsklausel zugrunde[37].

---

[31] Dazu eingehender unten S. 119 ff.
[32] Vgl. dazu *Lipps:* Beispiel, Exempel, Fall und das Verhältnis des Rechtsfalls zum Gesetz, in: Die Verbindlichkeit der Sprache, S. 39 ff. (55).
[33] Vgl. zu dieser Zeitlichkeit: *Theunissen:* Der Andere, S. 294 ff.
[34] *v. Humboldt:* Gesammelte Schriften, Akademie Ausgabe, Bd. VI, S. 164.
[35] Vgl. zur „Er-innerung" und dem „Ge-wesenen" in der Zeitlichkeit der Intentionalität, *E. Grisebach:* Gegenwart — eine kritische Ethik, S. 514.
[36] *Bode:* Richten und Schlichten, in: SchMZ, 6. Jg. 1931, S. 134 ff. (148, 151).
[37] Eine derartige Klausel wird schon in den oben erörterten Verfahren vorausgesetzt; vgl. *Bötticher:* Streitgegenstand und Rechtskraft im Kündi-

Ein allein auf ein gegenseitiges Einvernehmen gerichtetes Verfahren der Friedensstiftung scheint zunächst auf die Beilegung belangloser Zwistigkeiten beschränkt zu sein. Unerhebliche Beleidigungen, geringfügige Körperverletzungen oder unbedeutende Pflichtvernachlässigungen lassen sich bei aller Verschiedenheit der Gemüter bagatellisieren oder aus der Situation verständlich machen. Ehrenkränkungen in der Öffentlichkeit, vereinbarungswidriges Verhalten mit erheblichen Vermögenseinbußen können dagegen nicht einfach vergessen gemacht werden. Sie zeitigen Folgen, die die unmittelbare Streitsituation überdauern. Doch widersetzen sich auch diese Lagen nicht prinzipiell einer gütlichen Beilegung. Sie zeigen nur an, welche Anforderungen an das Gemüt der Parteien gestellt werden, wenn allein die Einmütigkeit, wie sie in einem auf gegenseitige Anteilnahme und Verstehen ausgerichteten Gespräch erreicht ist, zum Inhalt der Streitbeilegung gemacht wird. Eine solche Einmütigkeit ist nämlich nur dann vollkommen, wenn die Parteien von all dem absehen, was ihre Beziehungen bisher bestimmt hat, und sich jeder ausschließlich von der augenblicklichen Präsenz des anderen leiten läßt. Da in einer ausschließlich vom Dialog bestimmten Begegnung jede Beziehung aufgelöst ist, an der eine rechtliche Friedensstiftung einen Anhalt gewinnen könnte, sei die Verwirklichung einer Einmütigkeit in ihrer vollkommensten Ausgestaltung unter einigen Gesichtspunkten kurz entwickelt und im übrigen auf die „Dialogiker"[38] verwiesen:

3. Persönliche Begegnung als Hintergrund gütlicher Streitbeilegung

Zum Verständnis der Besonderheiten eines solchen offenen Gesprächs kommt es darauf an, sich die hier erforderliche ausschließliche Präsenz im Unterschied zu jeder Form der Repräsentation vor Augen zu führen: In einer unvoreingenommenen Begegnung wird der andere nur noch genommen, wie er unmittelbar im Gespräch erlebt wird. Gegenwart meint dann nicht das Flüchtige und Vorübergleitende, das nur Bedeutung hat, soweit es ein den Augenblick überdauerndes Etwas enthält, „sondern das Gegenwartende und Gegenwährende"[39], das Einmalige und Unwiederholbare, das gerade diese Begegnung auszeichnet: „Gegenwart, nicht die punkthafte, die nur den jeweilig in Gedanken gesetzten Schluß der ‚abgelaufenen' Zeit, den Schein des festgehaltenen Ablaufs bezeichnet, sondern die wirkliche und erfüllte, gibt es nur

---
gungsverfahren, in: Festschrift für Henschel, S. 181 ff.; vgl. auch den Eheprozeß: *Bruns:* Struktur des Prozesses, in: Festschrift für Walter Schmidt-Rimpler, S. 237, 240 und Anm. 10.

[38] Vgl. dazu vor allem *Theunissen:* Der Andere, S. 243 ff. (244).
[39] *Buber:* Ich und Du, S. 17.

insofern, als es Gegenwärtigkeit, Begegnung, Beziehung gibt. Nur dadurch, daß das Du gegenwärtig wird, entsteht Gegenwart[40]."

In entsprechender Weise werden auch Schemata wie Substanz[41], Kausalität[42] und Relation, in denen ein Bereden die Welt erfaßt, aufgelöst und durch die Unmittelbarkeit des Begegnenden ersetzt: „Das Du erscheint zwar im Raum, aber in dem des ausschließlichen Gegenüber, darin alles andere nur der Hintergrund, aus dem es hervortaucht, nicht seine Grenzen und sein Maß sein kann; es erscheint in der Zeit, aber in der des sich erfüllenden Vorgangs, der nicht als Teilstück einer steten und festgegliederten Folge, sondern in einer ‚Weile' gelebt wird, deren rein intensive Dimension nur von ihm selbst aus bestimmbar ist; es erscheint zugleich als wirkend und Wirkung empfangend, nicht aber eingefügt einer Kette von Verursachungen in seiner Wechselwirkung[43]."

Jede Intention, etwas für sich sein oder haben zu wollen, muß fallengelassen werden[44]. Denn jede Absicht beschränkt die Sicht, unter der der andere bedeutsam werden kann. Der andere erscheint nicht als ein Etwas, das für dieses oder jenes Vorhaben dienlich sein kann. In der offenen, unvoreingenommenen Begegnung wird der einzelne nicht verdinglicht, versachlicht und objektiviert[45]. Er ist kein Jemand, dem diese oder jene Eigenschaft und Fähigkeit anhängt. In ihr gewinnt nichts Bedeutung, was sich nicht in der Begegnung selbst einstellt. Das, was die Personen einander bedeuten, konstituiert sich erst im Gespräch: „Das Du begegnet mir ... Ich werde am Du, ich werdend spreche ich Du[46]."

Der Andere ist zwar auch ein Jemand, eine Person neben anderen, die sich durch diese oder jene Eigenschaft auszeichnet, die sich bei einer Gelegenheit so, bei einer anderen ähnlich oder anders verhalten hat. Doch ist dann nicht mehr ausschließlich[47] die gegenwärtige Begegnung bestimmend. Die Präsenz des Anderen gilt nur noch als Repräsentanz[48], als gegenwärtiger Ausdruck einer durch frühere Handlungsweisen bereits bestimmten Person[49]. Die gegenwärtige Begegnung verliert ihre

---

[40] *Martin Buber*, aaO. (Anm. 39).
[41] Vgl. *Theunissen*, S. 304 ff.
[42] Vgl. *Theunissen: Der Andere*, S. 309 ff.
[43] *Buber: Ich und Du*, S. 30.
[44] *Grisebach: Gegenwart — Eine kritische Ethik*, S. 508; *Buber*, aaO. (Anm. 39); *Theunissen*, S. 263, 265.
[45] *Schwartländer: Kommunikative Existenz und dialogisches Personensein*, in: Zeitschrift für philos. Forschung, Bd. 19, 1965, S. 53 ff.
[46] *Buber: Ich und Du*, S. 14/15; dazu auch *Theunissen: Der Andere*, S. 322.
[47] Vgl. zur Bedeutung der Ausschließlichkeit in der Ich-Du-Begegnung: *Theunissen: Der Andere*, S. 311 ff. (§ 56).
[48] Dazu *Theunissen: Der Andere*, S. 303.
[49] Vgl. zu dieser Bestimmung der Person aus der Vergangenheit: *Theunissen: Der Andere*, S. 295.

Einmaligkeit und unwiederholbare Besonderheit. Die Gegenwärtigkeit des anderen wird zu einer mit früheren Verhaltensweisen vergleichbaren nivelliert[50].

In dem Maße, wie ausschließlich die unmittelbar im Gespräch erlebte Anwesenheit des Anderen im Gespräch bestimmend wird, treten solche Erfahrungen zurück[51]. Das Du bedarf keiner Bestimmung, weil seine Gegenwart mehr bedeutet, als in Worten darüber gesagt werden könnte[52]. Das Du bedarf keiner Vorstellung, keiner Vergegenwärtigung oder Repräsentation, weil allein der unmittelbare Eindruck bestimmend ist. Das Du ist kein Pronomen[53], kein für eine Person stehender Name, sondern die erlebte Gegenwart des Anderen: Ich und Du „sind im konkreten Gebrauch nicht Stellvertreter eines Substantivs im Satze, nicht die Vertreter eines Nomens im allgemeinen oder eines Personennamens im besonderen, sondern stehen in der eben durch das ‚Wort' geschaffenen und objektiv gemachten geistigen Sphäre ‚unmittelbar' für die ‚Person' selbst"[54]. Darin klingt zugleich die Grenze des Bemühens an, dieses Verhältnis in einer Darstellung erfassen zu wollen. Erfaßt wird nur, was „das Du *ist*", nicht aber was „Du *bist*"[55]: „Die Wissenschaft spricht vom Realen nur in der dritten Person[56]."

4. Unbeständigkeit gütlicher Friedensstiftung

Bei einer gütlichen Friedensstiftung, insbesondere bei der Beilegung von Bagatellsachen vor dem Schiedsmann, wird allerdings nicht versucht, eine derart vollkommene Ich-Du-Begegnung zwischen den Parteien zu erreichen. Das unmittelbare Einvernehmen, das sich in einer

---

[50] Das Bereden grenzt den Beredeten auf den Verstehenshorizont der Beredenden aus. Vgl. *Theunissen:* Der Andere, S. 284 ff.

[51] Vgl. näher *Theunissen:* Der Andere, S. 305.

[52] Entsprechendes gilt vom „Ich" der Ich-Du-Begegnung. Auch das „Ich" ist hier kein selbständiges Eigenwesen, das sich vom anderen abhebt (*Buber:* Ich und Du, S. 57), sondern das selbst-lose, allein im Dialog werdende „Ich". Das „Selbst" wird schon im Unterschied zum anderen bestimmt: *Theunissen:* Der Andere, S. 306, 260.

[53] *Lipps:* Hermeneutische Logik, S. 29.

[54] *Ebner:* Das Wort und die geistigen Realitäten, in: Schriften Bd. I, S. 75 (87); ders.: Versuch eines Augenblicks in die Zukunft, in: Schriften Bd. I, S. 719 ff. (830); vgl. auch *W. v. Humboldt:* Gesammelte Schriften, Akademie Ausgabe, Bd. VI, 1, S. 151; *Theunissen:* Der Andere, S. 303.

[55] *Ebner:* Das Wort und die geistigen Realitäten, in: Schriften Bd. I, S. 75 ff. (255), siehe auch S. 188; vgl. auch *Rosenstock-Huessey:* Der Atem des Geistes, S. 87, 88; *Lipps:* Hermeneutische Logik, S. 29.

[56] *Marcel:* Metaphysische Tagebücher, S. 196, vgl. auch S. 287; vgl. weiter *C. F. v. Weizsäcker:* Ich-Du und Ich-Es in der heutigen Naturwissenschaft, in: „Martin Buber", S. 533 ff. (534/535).

offenen, aufgeschlossenen Begegnung einstellt, ist nur der Hintergrund, vor dem die ausschließlich auf Einmütigkeit gerichtete Tätigkeit einer gütlichen Streitbeilegung erfolgreich werden kann. In dem Maße, wie es dem Vermittler gelingt, in den Parteien eine rückhaltlose Bereitschaft zu wecken, aufeinander zu hören, miteinander zu sprechen und füreinander da zu sein, verlieren auch sachlich fixierte Streitpunkte an Bedeutung. In eins damit werden Begriffe wie Eigentum, Vertrag, Kausalität und jede andere vergegenständlichte Vorstellung, an denen eine rechtliche Friedensstiftung Anhalt sucht[57], aufgelöst. Zum Beispiel tritt an die Stelle des mit dem Eigentum verbundenen perfektiven „Gehörens" das gegenwärtige An- und Aufeinanderhören ohne jede Abwehrhaltung und die damit verbundene Behauptung eines dem anderen verschlossenen eigenen Bereichs. Ob in dieser Lage ein Eigentum „besteht", kann gar nicht gefragt werden, weil schon die Blickrichtung fehlt, unter der dingliche Bestände relevant werden können. Ein Bestand setzt voraus, daß der Augenblick überdauert wird, während in der persönlichen Begegnung ausschließlich die unmittelbar erlebte Gegenwart des anderen Bedeutung hat.

Damit werden zugleich die Grenzen eines Verfahrens der Streitbeilegung deutlich, das in erster Linie auf der Einmütigkeit aufbaut, die sich in einem offenen, unvoreingenommenen Gespräch einstellt Gerade weil sich ein „wirkliches Gespräch ... nicht in dem einen und dem anderen Teilnehmer ..., sondern im genauesten Sinne zwischen beiden, gleichsam in einer nur ihnen beiden zugänglichen Dimension" vollzieht[58], fehlt jede Berechtigung, an die hier erreichte Verständigung Folgen zu knüpfen, die im weiteren auch ohne Präsenz des anderen verbindlich sein sollen. Gerade weil die Partner von jeder bisherigen Erfahrung mit dem anderen absehen und sich allein von der im Gespräch erlebten Anwesenheit leiten lassen sollen, ist eine Perpetuierung dieses einmaligen Einigseins nicht ohne weiteres gerechtfertigt. Etwas anderes gilt nur, soweit sich in der persönlichen Begegnung ein Einklang einstellt, der den Augenblick überdauert und auch ohne Präsenz des anderen Bestand behält, sei es, daß z. B. durch die Kommunikation ein entsprechendes gegenseitiges Verständnis hervorgebracht wird, sei es, daß durch das Gespräch eine vor jeder Begegnung gestiftete Partnerschaft nur bestärkt wird[59].

---

[57] Vgl. oben II 1. b), Anm. 13.
[58] *Buber:* Das Problem des Menschen, S. 167.
[59] Zum letzteren neben *Jaques Ellul* vor allem *Erik Wolf*, in: Recht des Nächsten, Frankfurt 1958 sowie ders., Personalität und Solidarität im Recht, in: Vom Recht — Hannoversche Beiträge zur politischen Bildung, S. 189 ff. (Zur Bedeutung der gütlichen und schiedsenden Friedensstiftung in diesem Rahmen, S. 204).

VI. Abschließende Erörterung zum Ort der Zumutbarkeit

Die im Rahmen gütlicher Streitbeilegung erzielte Einmütigkeit ist auch gar nicht das Moment, das unter rechtlicher Hinsicht — also für den Fall einer Wiederaufnahme dieses Streitpunktes — maßgebend ist. Diese Einmütigkeit ist rechtlich unverbindlich. Den Parteien ist es unbenommen, die strittige Angelegenheit im weiteren wiederaufzunehmen und gerichtlich zu verfolgen. Rechtlich abschließend ist die Streitsache nur erledigt, wenn die Parteien nach Verlesung durch den Schiedsmann gemeinsam eine entsprechende Eintragung im Protokollbuch unterschreiben[1].

1. Verbindlichkeit gütlicher Friedensstiftung

Diese Protokollierung ist mehr als eine bloße Formsache. Das ergibt sich schon aus den Schwierigkeiten, die für den Schiedsmann während der Zwischenzeit, in der er das Protokoll aufsetzt, entstehen. Ihm wird empfohlen, während dieser Zeit die Parteien in keinem Falle allein zu lassen[2], auch ein Gespräch zwischen ihnen ohne seine Anleitung zu verhindern, sie vielmehr, soweit er Ruhe zur Eintragung benötigt, z. B. mit Zeitschriftenlektüre zu beschäftigen. Andernfalls bestehe die Gefahr, daß der Streit erneut aufbricht[3]. Zum Teil verzichten einzelne Schiedsmänner sogar auf eine Protokollierung, weil den Parteien angesichts der Unterschriftsleistung doch wieder Bedenken kommen.

Im Ergebnis laufen diese Ratschläge darauf hinaus, gerade die Wirkungen, an denen unter rechtlicher Hinsicht die Verbindlichkeit der Streitbeilegung über das Gespräch hinaus angeknüpft wird, nach Möglichkeit wieder aufzuheben:

---

[1] §§ 25 ff. SchMO; dazu u. a.: *Panofsky:* Der Vergleich im Sühneverfahren, in: SchMZ 31. Jg. 1960, S. 71 ff.; *Jahn:* Ein unwirksamer Schiedsmannsvergleich und seine Folgen, in: SchMZ 26. Jg. 1955, S. 71, 91 ff. Entsprechendes gilt für einen Privatvergleich: Wird er mündlich während des Sühnetermins vor dem Schiedsmann geschlossen, ohne daß es zur Protokollierung kommt, so scheitert seine Durchsetzbarkeit im Falle späterer Veruneinigung der Parteien im Regelfall schon an § 154 Abs. 2 BGB (vgl. neben den schon genannten Abhandlungen u. a. SchMZ 38. Jg. 1967, S. 25 ff. — 26: Zustandekommen des Vergleichs — Unterschrift der Parteien).

[2] Vgl. u. a.: „Protokollbuchzwang", in: SchMZ 37. Jg. 1966, S. 26 ff.

[3] Vgl. u. a.: „Aufsichtsbeschwerde gegen das Verfahren des Schiedsmanns", in: SchMZ 36. Jg. 1965, S. 189 ff.; „Protokollbuchzwang", in: 37. Jg. 1966, S. 26.

Durch das Erfordernis einer schriftlichen Fixierung verbunden mit der Unterschrift der Parteien verliert das Gespräch vor dem Schiedsmann seinen privaten Charakter und wird in eine besprechende Gesprächssituation gewendet. War während des Gesprächs das Bestreben vorherrschend, jede Vergegenwärtigung früherer Erfahrungen zu verhindern, so findet bei dem anschließenden förmlichen Verfahren ein Szenenwechsel statt: Die Parteien werden genötigt, auf das soeben geführte Gespräch zu reflektieren, sich das Gespräch prüfend zu vergegenwärtigen und die gewonnene Einmütigkeit mit der Unterschriftsleistung als weiterhin verbindlich zu übernehmen.

Eine solche prüfende Stellungnahme setzt voraus, daß sich die Parteien aus der Unmittelbarkeit des Gesprächs herausziehen, dazu Distanz gewinnen. Es tritt — jedenfalls partiell — ein Identitätswechsel ein: Die Beteiligten handeln nunmehr als kritische Betrachter, die ihrem bisherigen Tun, ihrer soeben im Gespräch entäußerten Subjektivität, wie einem Objekt gegenübertreten. Spätestens zu diesem Zeitpunkt vergegenwärtigen sie sich mögliche Folgen einer solchen geräuschlosen Erledigung der in der Öffentlichkeit geführten Auseinandersetzung.

Maßgebend für die juristische Verbindlichkeit der erfolgreichen Sühneverhandlung ist demnach nicht allein die gesprächsweise erzielte Einmütigkeit, sondern die in einer wiederholenden Reflexion, einem Feed-Back im Sinne eines Rückkopplungsprozesses[4] geprüfte und mit der schriftlichen Fixierung auch äußerlich perpetuierte definitive Anerkennung dieser Einmütigkeit. Die ausschließlich gegenwärtige, in der Präsenz des anderen gewonnene Übereinstimmung wird als eine dauerhaftere Bestimmung also nur anerkannt, wenn aufgrund empirischer Bedingungen — hier: die billigende Übernahme und Fixierung des einmaligen Einigseins — eine entsprechende Gemütsbestimmung der Parteien wenigstens wahrscheinlich ist.

2. Urteil und Repräsentation

Damit ist bei der gütlichen Friedensstiftung im Ansatz ein Prozeß verwirklicht, der in einem rechtenden Verfahren wesentlich komplexer ausgestaltet ist. Schon die oben [II 2. b), nach Anm. 45 ff.] näher beschriebene Darstellung und Weiterbehandlung eines Streits als Vor-,

---

[4] Vgl. zur wiederholenden Reflexion als einem Rückkoppelungsprozeß: *Günther:* Logische Voraussetzung und philosophische Sprache in den Sozialwissenschaften, in: Soziale Welt, 12. Jg. 1961, S. 289 ff. (298 ff.); ders.: Schöpfung, Reflexion und Geschichte, in: Merkur, 14. Jg. 1960, S. 628 ff. (635, 636 ff.); zur Bedeutung dieses Verständnisses für die Rechtswissenschaft u. a.: *Suhr:* Zur Einführung: Recht und Kybernetik, in: JuS 1968, S. 351 ff. (352 ff.).

2. Urteil und Repräsentation

Zwischen- oder Rechtsfall erfordert eine wiederholende Reflexion, durch die der strittigen Angelegenheit entsprechend den jeweils leitenden Intentionen eine verschiedene Ausrichtung und Weiterbestimmung gegeben wird. Klageerhebung, Zeugenvernehmung, prüfende Würdigung dieser jeweiligen Darstellungen durch den Richter usf. sind weitere Schritte in einem Repräsentationsprozeß, durch den das Geschehen immer wieder unter neuen Perspektiven vergegenwärtigt, aufgearbeitet und weiterbestimmt wird.

Diese Repräsentation läßt sich nicht einfach als Abbildung oder Wiedergabe an sich vorhandener Gegebenheiten auffassen. Das wäre nur möglich, wenn der jeweils zur Beurteilung stehenden Angelegenheit an sich eine Bestimmung zukäme, von der sich der subjektive Akt des Bestimmens eindeutig unterscheiden ließe, so daß durch den Reflexionsprozeß eine als solche gegebene Bestimmung nicht verändert, sondern nur nachvollzogen wird. Nun hängt aber die Bestimmung eines Gegenstandes — etwa als Tisch, als Eigentum einer Person oder als Eichenholz — jeweils von der Hinsicht ab, unter der die Sache genommen wird, wobei jede dieser einzelnen Aussagen über den Gegenstand jederzeit durch weitere Bestimmungen ergänzt werden kann, ohne daß mit dieser nur endlichen Anzahl von Prädikaten der Gegenstand vollständig bestimmt ist[5]. Selbst wenn man also eine an sich gegebene Bestimmung des Gegenstandes annehmen würde, so würde sich — jedenfalls für einen endlichen Reflexionsprozeß[6] — die Aussage oder das Urteil darüber nicht in der bloßen Wiedergabe derselben erschöpfen. Schon hier kann demnach die Bestimmung nicht vom Bestimmungsakt des Subjekts eindeutig unterschieden werden[7].

Allerdings läßt sich jede Aussage trotz der Möglichkeit, sie jederzeit ergänzen zu können, auch ohne Rückgriff auf eine transzendentale Bestimmung als objektiver, vom bestimmenden Subjekt unabhängiger Gegenstand betrachten[8]. Doch gehen dabei gerade die Unterschiede der Aussage im Vergleich zu einem gänzlich irreflexiven Gegenstand verloren. Das zeigt sich z. B. bei der weiter oben schon eingehender behandelten Subsumtion. Für diese Schlußweise kommt es auf die innere

---

[5] Vgl. dazu eingehender: *Günther:* Idee und Grundriß einer nicht-Aristotelischen Logik, Bd. 1: Die Idee und ihre philosophischen Voraussetzungen, S. 132.

[6] Vgl. zu diesem schon von Boethius genannten Gesichtspunkt, *Kriele:* Theorie der Rechtsgewinnung, S. 192; *Günther:* Idee und Grundriß einer nicht-Aristotelischen Logik, S. 151.

[7] Vgl. u. a.: *Günther:* Idee und Grundriß einer nicht-Aristotelischen Logik, u. a., S. 145 ff., 184 ff. (193), 208 ff.; ders., Zweiwertigkeit, logische Paradoxie und selbst-referierende Reflexion, in: Zeitschrift für philosophische Forschung, Bd. 17, 1963, S. 419 ff. (429 ff.).

[8] *Günther:* Idee und Grundriß einer nicht-Aristotelischen Logik, u. a. S. 190.

VI. Abschließende Erörterung zum Ort der Zumutbarkeit

Struktur der Prämissen — und damit auch auf die Frage der Vollständigkeit der Bestimmung — gar nicht mehr an[9]. Die jeweiligen Sätze und Begriffsbestimmungen werden im Schlußverfahren nicht analysiert, sondern — wie oben [II 1. c) bei Anm. 22] schon erwähnt — als fertige Gegebenheiten behandelt. Entsprechendes gilt für die kalkülmäßige Darstellung der Aussage[10]. Gewürdigt wird nur noch die Zuordnung gegebener Aussagen, nicht mehr ihre jeweilige Bedeutung. Diese kann aber nur unberücksichtigt bleiben, wenn jeder Einzelne die Aussage in gleicher Weise verstehen kann[11]. Vorausgesetzt wird demnach auch hier eine vom verstehenden Subjekt unabhängige Bedeutung, die durch den Kommunikationsprozeß nicht verändert, sondern vom Einzelnen nur nachvollzogen wird. Da aber selbst bei Behauptung an sich gegebener Bedeutungsgehalte in einem endlichen Reflexionsprozeß keine vollkommene Bestimmung erreicht werden kann [oben VI 2., bei Anm. 5], bedarf es eines gegenseitigen Übereinkommens der Beteiligten über das jeweils Gemeinte. Dann aber ist eine rein objektive, d. h. hier irreflexiv gegenständliche Betrachtung der Aussage einseitig. Bedarf nämlich jede gemeinsame Bestimmung erst eines Verständigungsprozesses und kann sie zudem jederzeit durch eine Weiterbestimmung überholt werden, so repräsentiert die Bestimmung nicht mehr allein den Gegenstand, sondern in erster Linie den jeweiligen Stand des Reflexions- und Verständigungsprozesses[12]. Die Aussage stellt sich nur noch als das Ergebnis eines derzeit beendeten, aber niemals vollendeten Bestimmungsprozesses dar, so daß es einer Rechtfertigung bedarf, warum man sich jeweils mit der gerade vorliegenden Bestimmung begnügen will, anstatt den Prozeß noch einige Schritte weiterzuführen[13]. Damit rückt an die Stelle der Bestimmung der Repräsentation als mög-

---

[9] Vgl. u. a.: *Engisch:* Logische Studien zur Gesetzesanwendung, S. 8; vgl. auch S. 13, S. 15.

[10] *Günther,* aaO. (Anm. 8), S. 190 ff.

[11] Vgl. z. B. *Klug:* Juristische Logik, 3. Aufl., S. 52, der unter der Voraussetzung, „daß man zugibt, sich über die Bedeutung der benutzten ... Begriffe einig zu sein", mit Recht das im Quantifikationsverfahren auftauchende Entscheidungsproblem (vgl. zum letzteren, *Günther:* Nicht-Aristotelische Logik, S. 187 ff., 189, 192 ff.) übergehen kann. Bedeutsam ist dann aber auch hier nur wieder das Schließen, während die Hauptschwierigkeit, das Finden der Prämissen, übersprungen wird: „Im Schließen wird Niemand fehlen..., aber die Schwierigkeit und die Gefahr zu fehlen, liegt im Aufstellen der Prämissen": *Schopenhauer:* Vorlesungen über die gesamte Philosophie, in: Sämtliche Werke, Bd. IX, S. 360/61; vgl. auch *Engisch:* Logische Studien, S. 13.

[12] *Günther:* Idee und Grundriß einer nicht-Aristotelischen Logik, S. 193; ders., Zweiwertigkeit, Logische Paradoxie und selbst-referierende Reflexion, in: Zeitschrift für philosophische Forschung, Bd. 17, 1963, S. 419 ff. (429 ff.).

[13] Nur in diesem Sinne ist die oben [II 1. b), nach Anm. 12 ff., III 3. b), nach Anm. 70 ff.] beschriebene „Schlüssigkeit" des Urteils, die Rückführung auf Punkte, die allgemeine Anerkennung finden können, zu verstehen [vgl. unten bei 3., nach Anm. 27 ff.].

2. Urteil und Repräsentation

lichst adäquate Wiedergabe an sich vorhandener Gegebenheiten ein prozessuales Verständnis, das Problem der Hervorbringung repräsentativer Bestimmungen[14].

Die hier im Rahmen der Aussage und des Urteils behandelte Frage der Repräsentation stellt sich insoweit nicht anders als etwa im Staatsrecht: Auch hier wird die Repräsentation nur unter der Voraussetzung vorgegebener Bestimmungen zur bloßen „Darstellung eines schwer erkennbaren Seins"[15], während dieser Begriff bei einem immanenten Verständnis gerade den Prozeß der Hervorbringung von Bestimmungen mit partieller oder — im besten Falle — allgemeiner intersubjektiver Geltung bezeichnet[16].

Dieser Prozeß gehört weder der Objekt- noch der Subjektseite an[17]:

Eine subjektive Bestimmung scheidet schon deshalb aus, weil in der wiederholenden Reflexion auf den Vorgang des jeweiligen Bestimmens dieser als Objekt vorgestellt werden muß[18]. Erfaßt wird immer nur das gedachte Denken, das bestimmte Bestimmen, nicht aber der aktive Prozeß des jeweiligen Denkens oder Bestimmens. Die Bestimmung des Prozesses im Wege einer wiederholenden Reflexion beinhaltet nicht ein nochmaliges Ablaufen desselben Vorgangs, sondern — wie z. B. die prüfende Vergegenwärtigung der gesprächsweise erzielten Einmütigkeit nach dem Güteverfahren [vgl. oben VI 1., bei Anm. 4] — das Bewußtmachen der Bedeutung, das ausdrückliche Innewerden des Sinns dieser Bestimmung[19].

Die Notwendigkeit einer Objektivierung des Bestimmungsprozesses bedeutet aber auch nicht umgekehrt, dieser Vorgang könne nur objektiv — i. S. eines irreflexiven Gegenstandes — bestimmt werden. Das wäre, wie schon ausgeführt, nur möglich, wenn sich dieser Prozeß gänzlich vom bestimmenden oder verstehenden Subjekt unterscheiden ließe. Eine solche Objektivierung ist nur teilweise — z. B. in Institutionen

---

[14] Vgl. zum Problem der Hervorbringung gleicher Repräsentationen bei einem immanenten Verständnis der Subjektivität: *Günther:* Das Problem einer trans-klassischen Logik, in: Sprache im technischen Zeitalter, Nr. 16./1965, S. 1287 ff. (1303).

[15] *Triepel:* Delegation und Mandat, S. 129 ; vgl. auch *Carl Schmitt:* Verfassungslehre, S. 209.

[16] Vgl. zum prozessualen Verständnis der Repräsentation im Staatsrecht vor allem: Herbert *Krüger:* Allgemeine Staatslehre, 2. Aufl., insbes. S. 234 ff., 237.

[17] Vgl. *Günther:* Das Bewußtsein der Maschinen — Eine Metaphysik der Kybernetik, S. 36 ff., vgl. auch S. 22 ff.

[18] *Günther:* Idee und Grundriß einer nicht-Aristotelischen Logik, S. 348 ff., 352.

[19] *Günther:* Idee und Grundriß einer nicht-Aristotelischen Logik, S. 352.

und öffentlichen Begriffen[20] oder „mechanischen" Modellen[21] — und auch dann nur bis zu einem gewissen Grade möglich[22]. Zudem unterscheidet sich diese Objektivation von einem Objekt i. S. eines irreflexiven Gegenstandes. Letzterer stellt sich inhaltlich als Objekt dar, wobei seine jeweilige Bestimmung (Form) dem Subjekt zukommt. In der Reflexion auf die Bestimmung erscheint aber umgekehrt der Erkenntnisgegenstand nur der Form nach als Objekt, während er — sofern seine Bedeutung bestimmt werden soll — „eigentlich" subjektiv ist[23]. Auch fällt diese Objektivierung verschieden aus, je nachdem ob sie z. B. vom Bestimmenden selbst, von einem Gesprächspartner oder von einem unbeteiligten Dritten erfolgt[24]. Der Prozeß des Bestimmens fügt sich demnach nicht dem zweiwertigen Schema von Subjekt und Objekt, trifft vielmehr ein besonderes Drittes, den — auch nicht vollkommen erreichbaren[25] — Konvergenzprozeß zwischen verschiedenen Subjektzentren[26].

3. Verfahren der Streitbeilegung

Bei diesem Verständnis der Aussage, des Urteils oder einer sonstigen Bestimmung verliert das richterliche Erkenntnis seine Unvergleichbarkeit im Verhältnis zu den „niederen" Formen der Streitbeilegung. Die Aufgabe des Richters läßt sich dann nicht mehr als Aufsuchen eines vorgegebenen perfekten Rechts kennzeichnen, wie das z. B. in den Begriffen der Rechts-„findung" oder Rechts-„gewinnung" noch anklingt, die den Eindruck vermitteln, als werde lediglich ein verborgenes Recht wie ein Erdöl- oder Kohlevorkommen gesucht und abgebaut[27]. Richter-

---

[20] *Günther:* Logische Voraussetzungen und philosophische Sprache in den Sozialwissenschaften, in: Soziale Welt, Jg. XII (1961), S. 289 ff. (301); ders., Schöpfung, Reflexion und Geschichte, in: Merkur, Jg. XIV (1960), S. 628 ff. (648).

[21] *Günther:* Das Bewußtsein der Maschinen, S. 24 ff., 32 ff., 43.

[22] *Günther:* Das Bewußtsein der Maschinen, S. 24 ff., 32 ff., 43.

[23] *Günther:* Logische Voraussetzungen und philosophische Sprache in den Sozialwissenschaften, in: Soziale Welt, Jg. XII (1961), S. 289 ff. (301); ders., Idee und Grundriß einer nicht-Aristotelischen Logik, S. 348 ff., 351.

[24] Dazu im einzelnen: *Günther:* Das Problem einer trans-klassischen Logik, in: Sprache im technischen Zeitalter, Nr. 16/1965, S. 1287 ff. (1303, 1305), ders., Zweiwertigkeit, logische Paradoxie und selbst-referierende Reflexion, in: Zeitschr. f. philos. Forschung, Bd. XVII (1963), S. 419 ff. (425 ff.), vgl. auch ders., Logische Voraussetzung und philosophische Sprache in den Sozialwissenschaften, in: Soziale Welt, Jg. XII (1961). S. 289 ff. (300 ff., 301).

[25] Zu dem von den Dialogikern gemachten Versuch, das Aufgehen der Subj. der Beteiligten in einem gemeinsamen Zwischen im Rahmen der Ich-Du-Begegnung darzustellen, vgl. oben V.

[26] *Günther:* Das Problem einer trans-klassischen Logik, in: Sprache im technischen Zeitalter, Nr. 16/1965, S. 1287 ff. (1303 ff.).

[27] Zu diesen mit „Rechtsgewinnung" u. a. verbundenen bildlichen Vorstellungen: *Less:* Vom Wesen und Wert des Richterrechts, S. 37.

3. Verfahren der Streitbeilegung

liche Tätigkeit stellt sich statt dessen als ein Prozeß der Rechtsbestimmung oder der Rechtfertigung i. S. einer Rechtverfertigung dar. In diesem Prozeß markiert das Urteilsverfahren nur einen Endpunkt innerhalb eines vielfältig abgestuften Spektrums möglicher Formen der Beilegung einer strittigen Angelegenheit: die Streitbeendigung durch Reduktion der Beziehungen der Parteien auf ein Verhältnis beliebiger Personen zueinander. Doch nicht jeder Streit erfährt, wie oben [S. 55, 60, 77 ff.] gezeigt wurde, eine so weitgehende Auseinandersetzung, daß er sich schließlich auf ein Ergebnis zurückführen läßt, das allgemeinere Anerkennung finden kann. Soweit zwischen den Parteien trotz einzelner Differenzen noch eine engere Kooperation besteht oder — wie vor allem im Wohnraummiet- und Arbeitsrecht — die Beziehungen der Parteien nicht ohne einseitige Benachteiligung auf das Verhältnis beliebiger Personen zueinander reduziert werden können, bestehen Formen der Friedensstiftung, die eine stärkere Teilhabe der Parteien oder aber eine Mitwirkung von Personen aus ihrem Lebenskreis im Streitverfahren bis hin zum Abschluß der Angelegenheit vorsehen. Der in den einzelnen Verfahren erfolgende verschiedene Grad der Aufarbeitung des Streits bis zu einem subsumtionsfähigen Fall kommt schon in der begrifflichen Fassung des jeweiligen Streitstoffs zum Ausdruck: So bedeutet die oben erwähnte Auffassung zur Frage des Streitgegenstandes z. B. im Regelbereich des Verfahrens der Freiwilligen Gerichtsbarkeit nicht, dieses Verfahren sei „gegenstandslos". Nur erscheint der im Urteilsverfahren gebräuchliche Begriff des Streitgegenstandes hier nicht mehr im selben Maße angemessen, weil in Verfahren der Freiwilligen Gerichtsbarkeit das Geschehen nicht so stark von den persönlichen Beziehungen abgehoben wird. Entsprechendes gilt z. B. für die Bestimmung des Gesetzes, wonach während des Güteverfahrens „das gesamte Streitverhältnis"[28] zu erörtern ist, während im Urteilsverfahren auch hier vom „Streitgegenstand" gesprochen wird. Eine weitere Aufarbeitung und Ausgrenzung erfolgt — ohne daß hier das ganze Spektrum der bestehenden Objektivierungen angedeutet werden kann — z. B. bei der Unterscheidung des Sachverhalts der ersten Instanz vom „festgestellten Sachverhältnis" (§ 542 ZPO) in der Berufungsinstanz[29] oder bei der Zuspitzung auf Rechtsfragen von in der Regel allgemeinerer Bedeutung anhand von Grenzfällen in der Revisionsinstanz[30].

Gerade in den an Bedeutung zunehmenden Bereichen zwischen einer ausschließlich gütlichen Friedensstiftung und einem streng urteilenden

---

[28] § 54 ArbGG; anders dagegen § 136 ZPO, nach dem „die Sache erschöpfend" zu erörtern ist.
[29] Vgl. *Brüggemann:* Judex statutor und judex investigator, S. 344.
[30] Vgl. dazu jetzt auch *Gerhard Müller:* Zur Entscheidungsbildung eines Höchstgerichts, in: Menschen im Entscheidungsprozeß, S. 201 ff. (205 ff.).

Verfahren findet sich die Zumutbarkeit. Dagegen treffen das ausschließlich gütliche Verfahren und das streng urteilende Verfahren nur noch jeweils eine Seite der Zumutbarkeit: Bei dem Güteverfahren ist die in diesem Grundsatz anklingende Teilhabe des Betroffenen bei der Einschätzung seiner Lage [vgl. oben I 2. b), bei Anm. 47] in jedem Fall gewährleistet. Doch fehlt hier die gleichermaßen in der Zumutbarkeit vorausgesetzte Bewertung der Lage durch einen Dritten, wie sie in dem Suffix „-bar" und dem damit verbundenen Zugänglichkeitsurteil [vgl. oben I 2. a), bei Anm. 37] zum Ausdruck kommt. In dem Maße, wie dagegen allein diese Bewertung durch Dritte Bedeutung gewinnt und die gleichzeitige Mitwirkung des Betroffenen zurücktritt, verliert die Zumutbarkeit an Bedeutung.

In der Rechtsprechung ist allerdings dieser Grundsatz schon weit über die Anerkennung im Rahmen schiedsender und schlichtender Friedensstiftung hinausgekommen. Doch Hand in Hand mit der zunehmenden Anerkennung der Zumutbarkeit wurde auch der Zivilprozeß mehr und mehr von einem ausschließlich rechtenden Verfahren zu einer Arbeitsgemeinschaft zwischen allen Beteiligten umgestaltet.

Auch besteht noch heute für die Zumutbarkeit eine Grenze innerhalb des Instanzenzuges der Rechtsbestimmung: Obwohl die Zumutbarkeit als Rechtsbegriff bewertet wird, nehmen Lehre und Rechtsprechung wohl überwiegend an, die Zumutbarkeit sei im wesentlichen nicht revisibel[31], weil für ihre inhaltliche Bestimmung ein genauer Einblick in die konkrete Situation erforderlich ist. In Zivilverfahren beschränken sich daher die Revisionsgerichte häufig auf die Prüfung, ob dieser Grundsatz gesehen und die Umstände, die für seine jeweilige inhaltliche Bestimmung Bedeutung gewinnen können, gewürdigt worden sind.

4. Zur Zumutung „unzumutbarer" Gesetze

Mit diesen Feststellungen läßt sich die einleitend [I 1., nach Anm. 2] bereits erwähnte Berücksichtigung der Zumutbarkeit durch das Bundesverfassungsgericht bei der Prüfung von Gesetzen nicht in Einklang bringen: Während sich schon die Revisionsgerichte zum Teil außerstande sehen, das jeweils Zumutbare selbst zu bestimmen, die Bestimmung im Einzelfall statt dessen den unteren Gerichten überlassen, sieht

---

[31] Dazu insbesondere *Henke:* Die Tatfrage, S. 301 ff.; *Kuchinke:* Grenzen der Nachprüfbarkeit tatrichterlicher Würdigung und Feststellungen in der Revisionsinstanz, S. 110 u. Anm. 269, S. 134 u. Anm. 320 a, S. 142, 225; vgl. auch *Jerusalem:* Zerstörung im Rechtsdenken, S. 215; zur Rechtsprechung vgl. u. a. BGH v. 16. 10. 63 - IV ZR 17/63, in: FamRZ 1964, S. 39 ff. (40); BGH v. 15. 6. 1951 - V ZR 86/50 -, in: LM § 242 Nr. 2 (Ba) (Bl. 248 R, 249).

4. Zur Zumutung „unzumutbarer" Gesetze

das Bundesverfassungsgericht keine Schwierigkeiten, die sich für seine Beurteilung daraus ergeben, daß dieser Gesichtspunkt am stimmungsmäßigen Befinden des jeweils betroffenen Einzelnen anknüpft und sich nicht für eine größere Allgemeinheit bestimmen läßt [vgl. oben S. 14, 39 ff.]. Nach der Rechtsprechung dieses Gerichts stellt sich die Zumutbarkeit vielmehr als eine „übergreifende Leitregel" für jedes staatliche Handeln dar, der Verfassungsrang zukommt[32] und mit der auch Rechtssätze auf ihre Verfassungsmäßigkeit überprüft werden können[33].

Die allgemeine inhaltliche Bestimmung, die für eine Handhabung der Zumutbarkeit als Maßstab für die Prüfung von Gesetzen erforderlich wäre, kann aber auch das Bundesverfassungsgericht nicht geben. In angemessener Weise ist eine solche — wie oben S. 16, 55, 60 ff. gezeigt wurde — ohnehin nur möglich, wenn nicht ausschließlich unbeteiligte Dritte über die Lage des Inanspruchgenommenen urteilen, sondern der Betroffene an der Entscheidung über das ihm Zumutbare teilhat. Auch bei Einschätzung der Situation, die nicht mehr das *dem* Betroffenen Zumutbare, sondern nur noch das *für ihn* Zumutbare im oben [I 2. b), nach Anm. 47] erläuterten Sinne zu treffen versucht, ist zumindest die Präsenz des Betroffenen, ein persönlicher Eindruck von seinem Zumutesein angesichts der drohenden Inanspruchnahme, erforderlich. Ein solches persönliches Bild kann aber schon das Revisionsgericht kaum noch gewinnen. Im Vergleich dazu ist der Streit in der Lage, die das Bundesverfassungsgericht zu beurteilen hat, noch weiter vom persönlichen Zumutesein des Betroffenen abgerückt. Das gilt nicht nur für das abstrakte Normenkontrollverfahren, bei dem die jeweilige Streitfrage gänzlich losgelöst von irgendwelchen persönlichen Launen und Wünschen der Prozeßbeteiligten erscheint. Auch bei einer Vorlage anläßlich eines Einzelfalls gemäß Art. 100 GG oder einer Verfassungsbeschwerde wird der Streit durch ein zusätzliches Verfahren weiter aufgearbeitet (vgl. u. a. § 80 Abs. 2, 4, 6, § 82 i. V. m. §§ 77 bis 79, § 90 Abs. 2 BVerfGG) und auf verfassungsrechtliche Fragen ausgegrenzt[34]. Besonders erwähnt sei hier nur das häufige Zusammenfassen mehrerer Fälle zu einer Entscheidung[35], so daß von einer Einschätzung des individuellen Zumuteseins des jeweiligen Betroffenen schon deshalb nicht die Rede sein kann. Die letztlich dann bei diesem Gericht zur Entscheidung stehen-

---

[32] *BVerfG* v. 3. 5. 1968 - 1 BvR 579/67 -, in: BVerfGE Bd. 23, S. 127 ff. (S. 133, sowie zur Zumutbarkeit S. 134, 135); dazu schon oben I 1., nach Anm. 2 ff.

[33] Vgl. die Nachweise unten Anm. 51.

[34] Die Möglichkeit zu eigener Sachaufklärung seitens des Bundesverfassungsgerichts (§ 26 BVerfGG) ändert angesichts dieser Beschränkung und der im folgenden bei Anm. 35 genannten Praxis wenig.

[35] Vgl. dazu die oben I 1.), in Anm. 2—30 zitierten Entscheidungen des Bundesverfassungsgerichts, soweit diese mehrere Aktenzeichen haben.

VI. Abschließende Erörterung zum Ort der Zumutbarkeit

den Fragen haben mit dem, was die Parteien ursprünglich im Streit bewegt haben mag [vgl. dazu oben II 2. b), nach Anm. 42], wenig gemeinsam.

Die Unmöglichkeit einer näheren inhaltlichen Bestimmung des Zumutbaren oder Unzumutbaren durch das Bundesverfassungsgericht anläßlich der von ihm zu beurteilenden Fragen spiegelt sich auch in seinen Entscheidungen wider. Dieser Grundsatz hat für die jeweiligen Entscheidungen nicht die Bedeutung, die seine Kennzeichnung als übergreifende Leitregel für alles staatliche Handeln erwarten läßt. Häufig fällt der Gesichtspunkt nur im Rahmen der Einleitung oder als Ausklang der Begründung, wird aber selbst nicht zum tragenden Grund der Entscheidung. So findet sich die Zumutbarkeit in irgendeiner Form oft in Sätzen mit Wendungen wie „aus allen diesen Gründen"[36], „im Ergebnis"[37], „unter diesen Umständen"[38], „bei gerechter Abwägung aller ... Interessen"[39], „nach alledem"[40], „im übrigen"[41], „daher"[42], „damit"[43], „deshalb"[44] oder „demnach"[45].

Auch soweit die Zumutbarkeit nicht lediglich in einer einleitenden oder zusammenfassenden Bemerkung gebraucht, sondern stärker betont oder sogar als Verfassungsgrundsatz hervorgehoben wird, fehlt in der Regel eine nähere Bestimmung. Hingewiesen sei hier nur auf die Rechtsprechung zu Art. 12 GG, in der sich dieser Gesichtspunkt des öfteren findet[46]. Schon im Apothekenurteil taucht die Zumutbarkeit lediglich bei der Zusammenfassung in den Leitsätzen und der Begründung auf[47], ohne daß der Gesichtspunkt weiter bestimmt oder wenig-

---

[36] *BVerfG* v. 22. 5. 1963 - 1 BvR 78/56 -, in: Bd. 16, S. 147 ff. (163).

[37] *BVerfG* v. 13. 12. 1967 - 1 BvR 679/64 -, in: Bd. 23, S. 1 ff. (10).

[38] *BVerfG* v. 6. 5. 1964 - 1 BvR 320/57 u. a. -, in: Bd. 18, S. 1 ff. (16); v. 27. 1. 1965 - 1 BvR 213, 715/58 u. a. -, in: Bd. 18, S. 316 ff. (344).

[39] *BVerfG* v. 17. 11. 51 - 1 BvF 2/51 -, in: Bd. 1, S. 85 ff. (87).

[40] *BVerfG* v. 22. 1. 1959 - 1 BvR 154/55 -, in: Bd. 9, S. 124 ff. (136/137).

[41] *BVerfG* v. 17. 11. 1966 - 1 BvR 52/66 -, in: Bd. 20, S. 363 ff. (365).

[42] *BVerfG* v. 3. 12. 1958 - 1 BvR 488/57 -, in: Bd. 9, S. 3 ff. (7/8); v. 10. 2. 1960 - 1 BvR 526/53 u. a. -, in: Bd. 10, S. 302 ff. (309); v. 22. 5. 1963 - 1 BvR 78/56 -, in: Bd. 16, S. 147 ff. (181).

[43] *BVerfG* v. 27. 1. 1965 - 1 BvR 213, 715/58 -, in: Bd. 18, S. 316 ff. (339); v. 25. 7. 1963 - 1 BvR 542/62 -, in: Bd. 17, S. 108 ff. (115).

[44] *BVerfG* v. 16. 6. 1959 - 1 BvR 71/57 -, in: Bd. 9, S. 338 ff. (346/347); v. 7. 4. 1964 - 1 BvL 12/63 -, in: Bd. 17, S. 306 ff. (317); v. 14. 2. 1967 - 1 BvL 17/63 -, in: Bd. 21, S. 150 ff. (155); v. 28. 11. 1967 - 1 BvR 525/63 -, in: Bd. 22, S. 349 ff. (356 u. 358).

[45] *BVerfG* v. 17. 10. 1967 - 1 BvR 760/64 -, in: Bd. 22, S. 287 ff. (292); in einer weiteren Schlußwendung vgl. auch *BVerfG* vom 16. 3. 1971 - 1 BvR u. a./66 - in: Bd. 31, S. 292 ff. (324).

[46] Dazu schon oben I 1.), bei Anm. 27.

[47] *BVerfG* v. 11. 6. 1958 - 1 BvR 596/56 -, in: Bd. 7, S. 377 ff. (378, Leitsatz 6 a und S. 406).

4. Zur Zumutung „unzumutbarer" Gesetze

stens das Verhältnis zu anderen Grundsätzen — Verhältnismäßigkeit, Willkür- und Übermaßverbot — näher dargetan wird[48]. Spätere Entscheidungen zu Art. 12 GG übernehmen sodann stereotyp die im Apothekenurteil geprägte Formulierung, nach der sich bei Beschränkungen der Freiheit der Berufsausübung der Grundrechtsschutz „auf die Abwehr in sich verfassungswidriger, weil etwa übermäßig belastender und nicht zumutbarer Auflagen" beschränke[49].

Aussagen darüber, welchen Inhalt die Zumutbarkeit als Verfassungsgrundsatz hat, fehlen aber auch in Entscheidungen, in denen dieser Grundsatz noch stärker hervorgehoben wird[50]. In solchen Fällen steht zwar — wie bereits erwähnt [vgl. oben 1., nach Anm. 12 ff.] — die Zumutbarkeit häufig in Zusammenhang mit Erwägungen über den Grad der Verbundenheit, der innerhalb einer Personengruppe erwartet wird. Doch wird auch hier nicht dargetan, inwieweit die Belastung einzelner zugunsten anderer Mitglieder einer Gemeinschaft oder andere Gesichtspunkte maßgebend für die Bestimmung des verfassungsrechtlich gebotenen Zumutbaren sein sollen. Das gilt auch für Entscheidungen, die im Ergebnis zur Feststellung einer Verfassungsverletzung durch eine Rechtsnorm kommen[51] und in denen deshalb vielleicht am ehesten mit einer Bestimmung des „allgemein Zumutbaren" seitens des Bundesverfassungsgerichts gerechnet werden könnte: Die hier jeweils festgestellten Verstöße gegen die Verfassung beruhen nicht auf einer Verletzung der Zumutbarkeit, sondern immer schon auf anderen Gründen.

Allerdings finden sich zum Teil auch Entscheidungen, in denen allein die Zumutbarkeit in den Entscheidungsgründen erwähnt wird, so daß zumindest hier dieser Grundsatz zu einem die Entscheidung tragenden Gesichtspunkt wird. Es handelt sich dabei aber regelmäßig um kurz

---

[48] Siehe oben S. 1 Anm. 2.
[49] Vgl. u. a.: *BVerfG* v. 22. 6. 1960 - 2 BvR 125/60 -, in: Bd. 11, S. 234 ff. (239); v. 21. 2. 1962 - 1 BvR 198/57 -, in: Bd. 14, S. 19 ff. (22), in: Bd. 14, S. 19 ff. (22); v. 5. 3. 1967 -2 BvR 134/63 -, in: Bd. 22, S. 1 ff. (S. 20/21); vgl. auch *BVerfG* v. 15. 3. 1967 - 1 BvR 575/62 -, in: Bd. 21, S. 227 ff. (232); v. 23. 1. 1968 - 1 BvR 709/66 -, in: Bd. 23, S. 50 ff. (56); v. 16. 6. 1959 - 1 BvR 71/57 -, in: Bd. 9, S. 338 ff. (346/347).
[50] Vgl. neben den schon oben I 1.) Anm. 6 ff. im einzelnen genannten Entscheidungen vor allem auch das Urteil zum Werkfernverkehr v. 22. 5. 1963 — 1 BvR 78/56 -, in: Bd. 16, S. 147 ff.
[51] Vgl. u. a. neben dem Apothekenurteil v. 11. 6. 1958 - 1 BvR 596/56 -, in: Bd. 7, S. 377 ff. (378, 405); *BVerfG* v. 13. 12. 1961 - 1 BvR 1137/59, 278/60 -, in: Bd. 13, S. 248 ff. (260); v. 21. 2. 1962 - 1 BvR 198/57 -, in: Bd. 14, S. 19 ff. (22, 24); v. 27. 6. 1963 - 2 BvR 687/62 -, in: Bd 16, S. 231 ff. (235); v. 24. 7. 1963 - 1 BvL 30/57, 11/61 -, in: Bd. 17, S. 1 ff. (21); v. 24. 7. 1963 - 1 BvL 101/58 -, in: Bd. 17, S. 38 ff. (55, 56); v. 7. 4. 1964 - 1 BvL 12/63 -, in: Bd. 17, S. 306 ff. (314); v. 14. 12. 1965 - 1 BvL 31, 32/62 -, in: Bd. 19, S. 226 ff. (236, 237); v. 15. 2. 1967 - 1 BvR 569/62 -, in: Bd. 21, S. 173 ff. (182); v. 13. 12. 1967 - 1 BvR 679/64 -, in: Bd. 23, S. 1 ff. (9, 10).

gefaßte Entscheidungen, in denen keine nähere Begründung — auch nicht hinsichtlich des Zumutbaren — gegeben wird, sei es, weil lediglich auf eine frühere Entscheidung und die dort ausgeführten Gründe verwiesen wird[52], sei es, weil eine nähere Begründung insoweit gar nicht üblich ist. Letzteres gilt für die zahlreichen Entscheidungen zur Zumutbarkeit der Erschöpfung des Rechtsweges nach § 90 BVerfGG[53] und zum Erlaß einstweiliger Anordnungen nach § 32 Abs. 1 BVerfGG[54]. Der Gebrauch der Zumutbarkeit entspricht in diesen Fällen demjenigen in alltäglichen Gesprächslagen, in denen mit „zumutbar" oder „unzumutbar" nur der erste Eindruck von einer Angelegenheit, das noch nicht durch eine eingehende Prüfung geläuterte stimmungsmäßige Befinden der mit der Einschätzung der Situation befaßten Person seinen ersten Ausdruck findet. Mag die Prüfung durch das Bundesverfassungsgericht im Rahmen der §§ 32, 90 BVerfGG auch über eine erste Bewertung hinausgehen. Jedenfalls handelt es sich nicht um im selben Maße „schlüssige" Entscheidungen im oben [II 1. b), nach Anm. 12; IV 5. a), nach Anm. 121 ff.] erläuterten Sinne, sondern nur um eine vorläufige, summarische Prüfung im Rahmen der Zulässigkeit bzw. um eine einstweilige Regelung bis zum abschließenden Erkenntnis. Nur in diesen Lagen hat daher die Verwendung der Zumutbarkeit durch das Bundesverfassungsgericht eine Berechtigung.

Damit erweist sich der Grundsatz der Zumutbarkeit in der Rechtsprechung des Bundesverfassungsgerichts zur Verfassungsmäßigkeit von Gesetzen — wenn man die Rechtsprechung zu §§ 32, 90 BVerfGG ausklammert — als Leerformel: Die Zumutbarkeit kann angesichts der Entscheidungssituation des Bundesverfassungsgerichts von diesem Gericht nicht inhaltlich ausgefüllt werden, und sie wird auch nicht von diesem ausgefüllt. Was bei dieser Lage von der Zumutbarkeit bleibt, ist — abgesehen von der Fragwürdigkeit des zusätzlichen Legitimationsbedürfnisses des Bundesverfassungsgerichts, das sich nicht mit der Rückführung der Entscheidung auf mehr oder minder einsichtige Gründe begnügt, sondern sich auch noch des jeweiligen Zumuteseins des Betroffenen versichert — eine Zumutung für eben diesen Betroffenen:

---

[52] Vgl. dazu die schon oben [I 1., in Anm. 12] genannte Entscheidung (v. 14. 12. 1965 - 1 BvL 31, 32/62 -, in: Bd. 19, S. 226 ff.) zur Veranlagung des erwerbstätigen Ehegatten, der nicht der Kirche angehört, zur Kirchensteuer. Als allein tragend erscheint hier zunächst die Zumutbarkeit (aaO., S. 237). Die Entscheidung verweist aber (S. 236 und Anm. 1) nur auf die davor abgedruckte Entscheidung, in der der tatsächlich maßgebende Gesichtspunkt genannt wird: Das Gebot zur bekenntnismäßigen Neutralität, also das Prinzip der Nicht-Identifikation; vgl. *BVerfG* v. 14. 12. 1965 - 1 BvL 413, 416/60 -, in: *BVerfG*, Bd. 19, S. 206 ff. (216 ff.).

[53] Vgl. die Nachweise oben I 1., Anm. 11.

[54] Vgl. die Nachweise oben I 1., Anm. 25.

4. Zur Zumutung „unzumutbarer" Gesetze

Bei ihm wird durch Hinweis auf die Zumutbarkeit und die darin anklingenden Teilhabe des Betroffenen [vgl. oben I 2., nach Anm. 41 ff., 47 ff.] der Eindruck erweckt, seine persönliche Mitwirkung sei für die Einschätzung seines Anliegens wesentlich, und ihm wird sogleich zugemutet, die vom Gericht in seiner Abwesenheit angestellten Mutmaßungen hinsichtlich seines Zumuteseins auch dann als verbindlich zu übernehmen, wenn seinem Anliegen nicht entsprochen wird. Die Zumutbarkeit ist damit im Gebrauch des Bundesverfassungsgerichts Teil einer Begrifflichkeit, die verfassungsrechtliche Fragen mit einem Anschein von Privatheit und Intimität umgibt, den sie nicht haben können.

Literaturverzeichnis

Adorno, Theodor W.: Glosse über die Persönlichkeit, in: Integritas — Geistige Wandlung und menschliche Wirklichkeit, herausgegeben von Dieter Stolte und Richard Wisser, Tübingen 1966, S. 106 ff.

Aristoteles: Analytica priora et posteriora, rec. W. D. Ross, Oxonii 1964.

— Ars rhetorica, rec. W. D. Ross, Oxonii 1964.

— Topica et Sophistici Elenchi, rec. W. D. Ross, Oxonii 1958.

Ballauf, Th.: Über den Vorstellungsbegriff bei Kant, Berlin 1938.

Ballerstedt, Kurt: Wirtschaftsverfassungsrecht, in: Die Grundrechte, Handbuch der Theorie und Praxis der Grundrechte, Bd. III 1, Berlin 1958.

Baur, Fritz: Studien zum einstweiligen Rechtsschutz, Tübingen 1967.

Beilas, Demetrios: Das Problem der Vertragsschließung und der vertragsbegründende Akt, Göttingen 1962.

Berges, August Maria: Recht und Billigkeit im Zivilprozeß, in: BB 1970, S. 1689 ff.

Betti, Emilio: Typenzwang bei den römischen Rechtsgeschäften und die sogenannte Typenfreiheit des heutigen Rechts, in: Festschrift für Leopold Wenger, München 1944.

Bewer, R.: Mindergewerbegerichte, in: Festschrift für Ernst Zittelmann, München/Leipzig 1913.

— Die sächsischen Bergschiedsgerichte, in: Sächs. Archiv für Rechtspflege, 9. J. 1914, S. 73 ff.

— Zur Geschichte der Arbeitsgerichte, in: ZZP 49 (1925), S. 75 ff.

Bewer-Wilhelmi: Das Gewerbegerichtsgesetz, 2. Aufl., Berlin 1903.

Blomeyer, Arwed: Fortschritte der modernen Schuldrechtsdogmatik, in: AcP 154 (1955), S. 527 ff.

Bluhm, Gerhard: Das Begriffspaar der Zumutbarkeit und Unzumutbarkeit in der Zivil- und Strafgerichtsbarkeit, in: Schl.-Holst. Anz. Teil A, Nr. 10/ 1969, S. 174 ff.

Bode: Die Kunst des Schlichtens, in: SchMZ, 3. Jg. 1928, S. 54 ff.

— Richten und Schlichten, in: SchME, 6. Jg. 1931, S. 134 ff., 148 ff.

— Der Einwand der Versöhnung im Schiedsverfahren, in: SchME, 13. Jg. 1938, S. 65 ff.

Bötticher, Eduard: Streitgegenstand und Rechtskraft im Kündigungsschutzverfahren, in: Festschrift für W. Herschel, S. 181 ff.

Bosch, Friedrich Wilhelm: Zivilprozeß und freiwillige Gerichtsbarkeit, in: AcP 149 (1944), S. 32 ff.

Brauer-Schneider: Der Zivilrechtsfall in Prüfung und Praxis, 5. Aufl., Berlin/Frankfurt 1970.

Braun, Edmund: Zur Einheit der aristotelischen „Topik", Diss. phil. Köln v. 28. 2. 1959.

Brinckmeier, Eduard: Glossatorium Diplomaticum, Gotha 1863 (Neudruck Aalen 1967).

Brinkmann, Henning: Die deutsche Sprache, Düsseldorf 1962.
— Der Umkreis des persönlichen Lebens im Dativ, in: Muttersprache, 10. Jg. 1953, S. 104 ff.

Broggini, Gerardo: Iudex Arbiterve, Köln/Graz 1957.

Brüggemann, Dieter: Judex statutor und judex investigator, Bielefeld 1968.

Bruns, Rudolf: Zur Struktur des Prozesses, in: Festschrift für Walter Schmidt-Rimpler, Bonn 1957, S. 237 ff.

Buber, Martin: Das Problem des Menschen, Heidelberg 1954.
— Ich und Du, Heidelberg 1958.

Buche, Herbert: Der Grundsatz der Zumutbarkeit im Arbeitsrecht, in: Schl.-Holst. Anz., Teil A, Nr. 10/1969, S. 172 ff.

Bydlinski, Franz: Privatautonomie und objektive Grundlagen des verpflichtenden Rechtsgeschäfts, Wien/New York 1957.

Canaris, Claus Wilhelm: Systemdenken und Systembegriff in der Jurisprudenz, Berlin 1969.

Coing, Helmut: Der Rechtsbegriff der menschlichen Person und die Theorie der Menschenrechte, in: Beiträge zur Rechtshist., Deutsche Landesreferate zum II. Intern. Kongreß für Rechtsvergleichung, London 1950, Sonderveröff. der Zeitschrift für ausl. u. intern. Privatrecht, Berlin/Tübingen 1950.

Conrad, Hermann: Individuum und Gemeinschaft in der Privatrechtsordnung des 18. und beginnenden 19. Jahrhunderts, Karlsruhe 1955.

Diederichsen, Uwe: Topisches und Systematisches Denken in der Jurisprudenz, in: NJW 1966, S. 697 ff.

Dorndorf, Eberhard: Rechtsbeständigkeit von Entscheidungen und Wiederaufnahme des Verfahrens in der Freiwilligen Gerichtsbarkeit, Bielefeld 1969.

Dräger, Dieter: Die Rechtsbeschwerde gegen Entscheidungen des Mieteinigungsamtes, Köln/Berlin/Bonn/München 1964.

Duden: Grammatik der deutschen Gegenwartssprache, bearb. von Paul Grebe u. a., Mannheim 1966.

Ebner, Ferdinand: Versuch eines Augenblicks in die Zukunft, in: Schriften, Bd. 1, München 1963, S. 719 ff.
— Das Wort und die geistigen Realitäten, in: Schriften, Bd. 1, München 1963, S. 75 ff.

Ehrenzweig, Arnim: Über den Rechtsgrund der Vertragsverbindlichkeit, Wien 1889.

Engisch, Karl: Logische Studien zur Gesetzesanwendung, 3. Aufl., Heidelberg 1963.

Erman-Westermann: Handkommentar zum Bürgerlichen Gesetzbuch, 4. Aufl., Bd. 1, Münster 1967.

Fabricius, Fritz: Relativität der Rechtsfähigkeit, München/Berlin 1963.

Flume, Werner: Das Rechtsgeschäft, Berlin/Heidelberg/New York 1965.

— Rechtsgeschäft und Privatautonomie, in: Hundert Jahre deutsches Rechtsleben, Festschrift zum 100jährigen Bestehen des Deutschen Juristentages 1860—1960, Bd. 1, Karlsruhe 1960, S. 135 ff.

Flury, Robert: Struktur- und Bedeutungsgeschichte des Adjektiv-Suffixes -bar, Winterthur 1964.

Forsthoff, Ernst: Recht und Sprache, Schriften der Königsberger Gelehrten Gesellschaft, 17. Jg., Geisteswiss. Klasse, Heft 1, Halle 1940.

Friedmann, Hermann: Das Gemüt, München 1956.

Giradet, Carl: Zur Psychologie des Vergleichs, in: SchMZ, 2. Jg. 1927, S. 104.

— Etwas aus der Praxis, in: SchMZ, 2. Jg. 1927, S. 205.

Glass, Eberhard: Gefahrtragung und Haftung beim gesetzlichen Rücktritt, Berlin 1959.

Gohlke, Paul: Aristoteles: Topik, herausgegeben, übertragen und erläutert von Paul Gohlke, Paderborn 1952.

Grimm, Jacob: Deutsche Rechtsalterthümer, 2. Aufl., Göttingen 1854.

v. Grimm, Jacob und Wilhelm: Deutsches Wörterbuch, Bd. IV 1, Leipzig 1897, Bd. 8, Leipzig 1893, Bd. 11, 3. Abt., Leipzig 1936.

Grisebach, E.: Gegenwart — Eine kritische Ethik, Halle 1928.

Grosse, Siegfried: Zum inhaltsbezogenen Geltungsbereich von Akkusativ und Dativ, in: Neuphilologische Mitteilungen, Bd. 63 (1962), S. 231 ff.

Günther, Gotthard: Idee und Grundriß einer nicht-Aristotelischen Logik, Bd. 1: Die Idee und ihre philosophischen Voraussetzungen, Hamburg 1959.

— Das Bewußtsein der Maschinen — Eine Metaphysik der Kybernetik, Krefeld/Baden-Baden 1963.

— Schöpfung, Reflexion und Geschichte, in: Merkur, 14. Jg. 1960, S. 628 ff.

— Logische Voraussetzungen und philosophische Sprache in den Sozialwissenschaften, in: Soziale Welt, 12. Jg. 1961, S. 289 ff.

— Zweiwertigkeit, logische Paradoxie und selbst-referierende Reflexion, in: Zeitschrift für philosophische Forschung, Bd. 17 (1963), S. 419 ff.

— Das Problem einer trans-klassischen Logik, in: Sprache im technischen Zeitalter, Nr. 16/1965, S. 1287 ff.

Habermas, Jürgen: Strukturwandel der Öffentlichkeit, 3. Aufl., Neuwied/Berlin 1968.

Häussling, Josef Johannes: Untersuchung über das Wesen des Versprechens (mit besonderer Berücksichtigung der Arbeiten von Hans Lipps und Gabriel Marcel), Diss. phil. Mainz v. 5. 1. 1953.

Hagenow, Otto: Amtsrock und Titel, in: SchMZ, 4. Jg. 1929, S. 165.

Hampel, H. J.: Variabilität und Disziplinierung des Denkens, Basel 1967.

Heck, Philipp: Grundriß des Schuldrechts, Tübingen 1929.

Heckel, Wolfram: Die ergänzende Vertragsauslegung, in: AcP 159 (1960/61), S. 106 ff.

Hedemann, Justus Wilhelm: Die Flucht in die Generalklauseln, Tübingen 1933.

— Die Fürsorge des Gutsherrn für sein Gesinde (Brandenburg-preußische Geschichte), in: Festgabe für Felix Dahn, I. Teil, Breslau 1905, S. 165 ff.

— Kontrolle der Arbeitsentlassung, in: DJZ 1920, Sp. 547 ff.

Heidegger, Martin: Sein und Zeit, 9. Aufl., Tübingen 1960.

— Die Frage nach dem Ding, Tübingen 1962.

— Die ontho-theo-logische Verfassung der Metaphysik, in: Identität und Differenz, Pfullingen 1957, S. 35 ff.

Heidemann, Ingeborg: Spontaneität und Zeitlichkeit — Ein Problem der Kritik der reinen Vernunft, Kantstudien — Ergänzungsheft 75, Köln 1958.

— Untersuchungen zur Kantkritik Max Schelers, Diss. phil. Köln v. 28. 2. 1948, Bonn 1955.

— Prinzip und Wirklichkeit in der Kantischen Philosophie, in: Kant-Studien, Bd. 57 (1966), S. 230 ff.

Heimsoeth, Heinz: Persönlichkeitsbewußtsein und Ding an sich, in: Studien zur Philosophie, I. Kants, Köln 1956, S. 227 ff.

Heinrichs, Jürgen: Das Problem der Zeit in der praktischen Philosophie Kants, Kantstudien — Ergänzungsheft 95, Bonn 1968, zugleich: Diss. phil. Hamburg v. 20. 11. 1966.

Heinzerling, W.: Die Scheidung von Tisch und Bette der Protestanten, in: AcP 56 (1873), S. 239 ff.

Hempel-Oppenheim: Der Typusbegriff im Lichte der neuen Logik, Leiden 1936.

Henckel, Wolfram: Die ergänzende Vertragsauslegung, in: AcP 159 (1960/61), S. 106 ff.

Henke: Diskussionsbeitrag auf der Tagung für Rechtsvergleichung in Wien vom 18. bis 21. September 1963, in: Ermessensfreiheit und Billigkeitsspielraum des Zivilrichters, Frankfurt/Berlin 1964, S. 133 ff.

Henke, Horst-Eberhard: Die Tatfrage, Berlin 1966.

Henkel, Heinrich: Recht und Individualität, Berlin 1958.

— Zumutbarkeit und Unzumutbarkeit als regulatives Rechtsprinzip, in: Festschrift für Eduard Mezger zum 70. Geburtstag, München/Berlin 1954, S. 249 ff.

Herschel, Wilhelm: Beschränkung der Befugnis zur außerordentlichen Kündigung — Zugleich ein Beitrag zur absoluten und relativen Unzumutbarkeit, in: Festschrift für Arthur Nikisch, Tübingen 1958, S. 49 ff.

Hotzenköcherle, Rudolf: Gegenwartsprobleme im deutschen Adjektivsystem, in: Neuphilologische Mitteilungen, Heft 1, Bd. 69 (1968), S. 1 ff.

— Entwicklungsgeschichtliche Tendenzen des Neuhochdeutschen, in: Wirkendes Wort, 12. Jg. 1962, S. 321 ff.

Hruschka, Joachim: Konstituierung des Rechtsfalls, Berlin 1965.

v. Humboldt, Wilhelm: Gesammelte Schriften, Akademie Ausgabe, Bd. VI 1, Berlin 1907.

Hume, David: Treatise on human nature, ed. T. H. Green, T. H. Grose, vol. II, London 1874.

Husserl, Edmund: Logische Untersuchungen, 4. Aufl., 2. Bd. I, Halle 1928.

Jahn: Die soziale Bedeutung des Schiedsmannsamtes in Vergangenheit und Gegenwart, in: SchMZ, 35. Jg. 1965, S. 38 ff.

— Die Kunst des Zuhörens und ihre praktische Bedeutung für die Verfahrenstechnik des Schiedsmann, in: SchMZ, 34. Jg. 1964, S. 133 ff.

— Amtszimmer und Sprechzimmervergütung, in: SchMZ, 33. Jg. 1962, S. 133 ff.

— Ein unwirksamer Schiedsmannsvergleich und seine Folgen, in: SchMZ, 26. Jg. 1955, S. 71 ff., 91 ff.

Jarcke, Carl Ernst: Beiträge zur Revision der preußischen Strafgesetzgebung, in: Hitzig's Zeitschrift für die Criminal-Rechts-Pflege in den Preußischen Staaten, Bd. 18, Berlin 1831, Heft 35, S. 1 ff.

Jeanneney, J. M. und Marguerite *Perrot:* Textes de droit économique et social Français 1789—1957, Paris 1957.

Jerusalem, Franz W.: Die Zerstörung im Rechtsdenken, Stuttgart/Berlin/Köln/Mainz 1968.

Jung, Walter: Grammatik der Deutschen Sprache, 2. Aufl., Leipzig 1968.

Kamm, Rudolf: Wie man Vergleiche erzielt, in: SchMZ, 3. Jg. 1928, S. 50 ff.

Kant, Immanuel: Kritik der reinen Vernunft, zitiert nach den Ausgaben A und B (sowie nach der Ausgabe von R. Schmidt bei Meiner).

— Kritik der praktischen Vernunft, zitiert nach Bd. V der Akademie Ausg. (sowie nach der Ausgabe von Vorländer bei Meiner).

— Grundlegung zur Metaphysik der Sitten, zitiert nach Bd. VI der Akademie Ausg. (sowie nach der Ausgabe von Vorländer bei Meiner).

— Metaphysik der Sitten, zitiert nach Bd. VI der Akademie Ausg. (sowie nach der Ausgabe von Vorländer bei Meiner).

Karg-Gasterstedt: Althochdeutsch thing — neuhochdeutsch Ding.

Kaser, Max: Das römische Zivilprozeßrecht, München 1966.

— Das altrömische ius, Göttingen 1949.

— Mores maiorum und Gewohnheitsrecht, in: Sav. Zeitschr., Rom. Abt., Bd. 59 (1939), S. 52 ff.

Kaven, M.: Zum Schluß noch einmal zum Amtsrock, in: SchMZ, 3. Jg. 1928, S. 146.

Kegel, Gerhard: Empfiehlt es sich, den Einfluß grundlegender Veränderungen des Wirtschaftslebens auf Verträge gesetzlich zu regeln und in welchem Sinne (Geschäftsgrundlage, Vertragshilfe, Leistungsverweigerungsrecht)?, in: Gutachten für den 40. Deutschen Juristentag, Bd. I, Tübingen 1953, S. 135 ff.

Kegel-Rupp-Zweigert: Die Einwirkung des Krieges auf Verträge, Berlin 1941.

Kisch, Wilhelm: Die Wirkungen der nachträglich eintretenden Unmöglichkeit der Erfüllung bei gegenseitigen Verträgen, Jena 1900.

Klein, Felix Joseph: Humor als Friedensstifter, in: SchMZ, 17. Jg. 1942, S. 80 ff.

v. Kleist, Heinrich: Über die allmähliche Verfertigung der Gedanken beim Reden, in: Sämtliche Werke und Schriften, herausgegeben von Helmut Sembdner, 3. Aufl., München 1964, Bd. 2, S. 319 ff.

Klug, Ulrich: Juristische Logik, 3. Aufl., Berlin/Heidelberg/New York 1966.

Kormann, Karl: System der rechtsgeschäftlichen Staatsakte, Berlin 1910.

Kuchinke, Kurt: Grenzen der Nachprüfbarkeit tatrichterlicher Würdigung und Feststellungen in der Revisionsinstanz, Bielefeld 1964.

Kunkel, Wolfgang: Fides als schöpferisches Element im römischen Schuldrecht, in: Festschrift für Paul Koschacker, Bd. 2, Weimar 1939, S. 1 ff.

Kraus, Sitzungspolizeigewalt für den Schiedsmann, in: SchMZ, 26. Jg. 1955, S. 122.

Kriele, Martin: Theorie der Rechtsgewinnung, Berlin 1967.

Krüger, Herbert: Allgemeine Staatslehre, 2. Aufl., Stuttgart 1966.

— Über die Unterscheidung der Staatstypen nach ihrer Gestimmtheit, in: Festschrift für Hermann Jahrreiss, Köln/Berlin/Bonn/München 1964, S. 233 ff.

Lando, Otto: Der Ermessensspielraum des Zivilrichters im dänischen Recht, in: Ermessensfreiheit und Billigkeitsspielraum des Zivilrichters, Frankfurt/Berlin 1964, S. 105 ff.

Larenz, Karl: Ergänzende Vertragsauslegung und dispositives Recht, in: NJW, 16. Jg. 1963, S. 737 ff.

Lassig: Mittel zur Herbeiführung eines Vergleichs im Sühnetermin, in: SchMZ, 15. Jg. 1940.

Lausberg, Heinrich: Handbuch der literarischen Rhetorik, München 1960.

Lehmann, Gerhard: Spontaneität und Zeitlichkeit, in: Kant-Studien, Bd. 51 (1959/60), S. 353 ff.

Less, Günter: Vom Wesen und Wert des Richterrechts, Erlangen 1954.

Lexer, Matthias: Mittelhochdeutsches Handwörterbuch, Bd. 2, Leipzig 1876.

Liebe, Friedrich: Die Stipulation und das einfache Versprechen, Braunschweig 1840.

Liedgens, Karl: Die Vernehmung von Zeugen durch den Schiedsmann, in: SchMZ, 26. Jg. 1955, S. 73.

Lindenberg, C.: Das preußische Gesinderecht, 5. Aufl., Berlin 1900.

Lipps, Hans: Die Verbindlichkeit der Sprache, 2. Aufl., Frankfurt 1958.

— Untersuchungen zur Phänomenologie der Erkenntnis, 2. Teil, Bonn 1928.

— Hermeneutische Logik, Frankfurt 1954.

— Die Wirklichkeit des Menschen, Frankfurt 1954.

Lüderitz, Alexander: Auslegung von Rechtsgeschäften, Karlsruhe 1966.

Lüttinghaus: Zur Frage des Amtsrocks, in: SchMZ, 4. Jg. 1929, S. 100.

Lunstedt, Anders Vilhelm: Die Unwissenschaftlichkeit der Rechtswissenschaft, 2. Bd., 1. Teil, Berlin/Leipzig 1936.

Manigk, Alfred: Willenserklärung und Willensgeschäft, Berlin 1907.

Marcel, Gabriel: Schöpferische Treue, München/Paderborn/Wien 1963.

— Metaphysische Tagebücher, Wien/München 1955.

Marx, Karl: Ökonomisch-philosophische Manuskripte, in: Marx/Engels, kleine ökonomische Schriften, Berlin 1955, S. 42 ff. (MEGA 1 Abt., Bd. 3).

Meißner, Heinrich August: Die Fabrikgerichte in Frankreich, Leipzig 1846, Teil 1.

Meltzer, J.: Der Schiedsmann als Verhandlungsleiter, in: SchMZ, 15. Jg. 1940, S. 106 ff.

Mitteis, Ludwig: Römisches Privatrecht, Bd. 1, Leipzig 1908.

Motive zu den Entwürfen eines Bürgerlichen Gesetzbuchs für das Deutsche Reich, Bd. I u. II, Berlin/Leipzig 1888.

Mügel, Oskar: Das gesamte Aufwertungsrecht, 5. Aufl., Berlin 1927.

Müller, Gerhard: Zur Entscheidungsbildung eines Höchstgerichtes, in: Menschen im Entscheidungsprozeß, herausgegeben v. Alfred Klose und Rudolf Weiler, Wien/Freiburg/Basel 1971, S. 201 ff.

Mugdan, R.: Die gesamten Materialien zum Bürgerlichen Gesetzbuch für das Deutsche Reich, Bd. I, Berlin 1899.

Nelson, Leonhard: Vorlesungen über die Grundlagen der Ethik, Bd. 1: Kritik der praktischen Vernunft, Leipzig 1917.

Noftz, Wolfgang: Die Zumutbarkeit im Verwaltungsrecht, in: Schl.-Holst. Anz. 1969, Teil A, Nr. 10, S. 167 ff.

Opelt, Ilona: Die lateinischen Schimpfwörter und verwandte sprachliche Erscheinungen, Heidelberg 1965.

Osterrieth, W.: Prozeßtaktik und Prozeßbeschleunigung, in: AcP 152 (1952/53), S. 537 ff.

Panofsky, Arthur: Der Vergleich im Sühneverfahren, in: SchMZ, 31. Jg. 1960, S. 71 ff.

Pawlowski, Hans-Martin: Rechtsgeschäftliche Folgen nichtiger Willenserklärungen, Göttingen 1966.

Perrot, F. J.: Verfassung und Zuständigkeit der Gerichte der preußischen Rheinprovinzen, Trier 1842.

Pierer von Esch, Heinrich: Teilnichtige Rechtsgeschäfte, Köln/Berlin/Bonn/München 1968.

Porzig, Walter: Die Leistung der Abstrakta in der Sprache, in: Bl. f. deutsche Philosophie, Bd. 4, 1930/31, S. 66 ff.

Preßler, Karl: Amtsraum und Privatwohnung, in: SchMZ, 27. Jg. 1956, S. 83 ff.

Protokolle der Kommission für die zweite Lesung des Entwurfs des Bürgerlichen Gesetzbuchs, Bd. I, Berlin 1897.

Pütter, Johann Stephan: Auserlesene Rechts-Fälle in Deduction, rechtlichen Bedenken, Relation und Urtheil, Bd. 1, Göttingen 1760, Bd. 3, Göttingen 1777.

Puntschart, Paul: Schuldvertrag und Treugelöbnis, Leipzig 1896.

Pusch, Björn: Der Grundsatz der Zumutbarkeit im Abgabenrecht, in: Schl.-Holst. Anz. 1969, Teil A, Nr. 10, S. 171 ff.

Radbruch, Gustav: Klassenbegriffe und Ordnungsbegriffe, in: Intern. Zeitschrift für Theorie des Rechts, Bd. 12 (1938), S. 46 ff.

Raiser, Ludwig: Vertragsfunktion und Vertragsfreiheit, in: Festschrift Hundert Jahre deutsches Rechtsleben zum 100jährigen Bestehen des deutschen Juristentages 1860—1960, Karlsruhe 1960, S. 101 ff.

— Vertragsfreiheit heute, in: JZ 1958, S. 1 ff.

Rehbinder, Manfred: Status — Kontrakt — Rolle, in: Festschrift für E. Hirsch, Berlin 1968, S. 141 ff.

Reinach, Adolf: Die apriorischen Grundlagen des bürgerlichen Rechts, 2. Aufl., Halle 1922.

Rieder, Josef: Unvergeßliches aus meiner Schiedsmannszeit, in: SchMZ, 26. Jg. 1955, S. 75 ff.

Rießer, I.: Der Einfluß handelsrechtlicher Ideen auf den Entwurf eines bürgerlichen Gesetzbuchs für das deutsche Reich, Stuttgart 1894.

Ritterbusch, H.: Wie ich meine Vergleiche erziele, in: SchMZ, 12. Jg. 1937, S. 187.

Rönne, Ludwig von: Ergänzungen und Erläuterungen des Allgemeinen Landrechts für die Preußischen Staaten, 4. Ausgabe, 1. Abteilung, Berlin 1858.

Roquette, Hermann: Neues soziales Mietrecht, Tübingen 1969.

Rosenstock-Huessy: Der Atem des Geistes, Frankfurt 1951.

Roth, Karl Ludwig: Aristoteles Werke — Schriften zur Rhetorik und Poetik, Bd. 1, Stuttgart 1833.

Sandrock, Otto: Subjektive und objektive Gestaltungskräfte bei der Teilnichtigkeit von Rechtsgeschäften, in: AcP 159 (1960/61), S. 481 ff.

Sattelmacher: Bericht, Gutachten und Urteil, 23. Aufl., Berlin/Frankfurt 1960.

v. Savigny, Friedrich Carl: System des heutigen römischen Rechts, Bd. 3, Berlin 1840.

Schelling: Der Gang des Sühneverfahrens, in: SchMZ, 3. Jg. 1928, S. 22 ff.

Scheying, Robert: Zur Geschichte des Persönlichkeitsrechts im 19. Jahrhundert, in: AcP 158 (1959/60), S. 503 ff.

Schlegel: Das Problem der Zumutbarkeit im Sozialrecht, in: Schl.-Holst. Anz. 1969, Teil A, Nr. 10, S. 168 ff.

Schloßmann, Siegmund: Der Vertrag, Leipzig 1876.

Schmidt-Rimpler, Walter: Grundfragen der Erneuerung des Vertragsrechts, in: AcP 147 (1941), S. 130 ff.

— Zum Problem der Geschäftsgrundlage, in: Festschrift für Hans Carl Nipperdey, München/Berlin 1955.

Schmidt-Salzer, Joachim: Subjektiver Wille und Willenserklärung, in: JR 1969, S. 281 ff.

Schmitt, Carl: Verfassungslehre, München/Leipzig 1928.

Schneider, Bernhard: Die raumplanerische Bedeutung des Großen Erftverbandes, Diss. jur. Münster v. 20. 12. 1963.

Schopenhauer, Arthur: Die Welt als Wille und Vorstellung, in: Sämtliche Werke, herausgegeben von J. Frauenstadt, 2. Aufl., Leipzig 1919, 3., Bd. 2.

— Vorlesungen über die gesamte Philosophie, in: Sämtliche Werke, herausgegeben von Paul Deussen, Bd. 9, München 1913.

Schwartländer, Johannes: Kommunikative Existenz und dialogisches Personensein, in: Zeitschrift für philosophische Forschung, Bd. 19, 1965, S. 53 ff.

Schwartz, Johann Christoph: Vierhundert Jahre deutsche Civilprozeß-Gesetzgebung, Berlin 1898.

Seiffert, G.: Zu den Friedensgerichten, in: SchMZ, 6. Jg. 1931, S. 185.

Seume, A.: Zur Wichtigkeit des Schiedsamtes, in: SchMZ, 3. Jg. 1928.

Siegel, Heinrich: Das Versprechen als Verpflichtungsgrund im heutigen Recht, Berlin 1873.

Simitis, Spiro: Die faktischen Vertragsverhältnisse, Frankfurt 1957.

Sonnemann, Ulrich: Das Land der unbegrenzten Zumutbarkeiten, Hamburg 1965.

Staudinger-Bearbeiter: Kommentar zum Bürgerlichen Gesetzbuch, 11. Aufl., Bd. 1, Berlin 1957, 11. Aufl., Bd. 2, Teil 1 b (§ 242), Berlin 1961.

Stechmann, Hans: Amtsraum oder Privatwohnung, in: SchMZ, 25. Jg. 1954, S. 101 ff.

Steinbach, F.: Der Schiedsmann im Amtsrock, in: SchMZ, 3. Jg. 1928, S. 107 ff.

Steinberg, Wilhelm: Das Problem der Zumutbarkeit im Steuerrecht, in: BB 1968, S. 433 ff.

Stödter, Rolf: Öffentlich-rechtliche Entschädigung, Hamburg 1933.

Stoll, Heinrich: Vertrag und Unrecht, 1. Halbbd., Tübingen 1941.

Strasser, S.: Das Gemüt, Utrecht/Antwerpen/Freiburg 1956.

Stroux, Johannes: Summum ius summa iniuria, in: Römische Rechtswissenschaft und Rhetorik, Potsdam 1949, S. 9 ff.

Suhr, Dieter: Recht und Kybernetik, in: JuS 1968, S. 351 ff.

Theunissen, Michael: Der Andere, Berlin 1965.

Titze, Heinrich: Die Unmöglichkeit der Leistung nach deutschem bürgerlichen Recht, Leipzig 1900.

— Richtermacht und Vertragsinhalt, Tübingen 1921.

Triepel, Heinrich: Delegation und Mandat im öffentlichen Recht, Stuttgart/Berlin 1942.

Uhle, C. H.: Empfiehlt es sich, die verschiedenen Zweige der Rechtsprechung ganz oder teilweise zusammenzufassen?, in: Verhandlungen des 42. Deutschen Juristentages vom 13./14. September 1957, Bd. 2 (Sitzungsberichte), Teil E, 2. Abt., Tübingen 1958.

Vaihinger, H.: Kommentar zu Kants Kritik der reinen Vernunft, 2. Bd., 2. Aufl., Stuttgart/Berlin/Leipzig 1922.

Veit, Walter: Toposforschung, in: Deutsche Vierteljahresschrift für Literaturwissenschaft und Geistesgeschichte, Bd. 37, 1963, S. 120 ff.

Volkmar, Erich: Die Verordnung zur Beschleunigung des Verfahrens in bürgerlichen Rechtsstreitigkeiten vom 22. 12. 1923, Mannheim/Berlin/Leipzig 1924.

Walde-Hofmann: Lateinisches etymologisches Wörterbuch, Bd. 1, 3. Aufl., Heidelberg 1938, Bd. 2, 3. Aufl., Heidelberg 1954.

Weber, Wilhelm: Zumutbarkeit und Nichtzumutbarkeit als rechtliche Maßstäbe, in: Jur. Jb., Bd. 3 (1962/63), S. 212 ff.

Weinrich, Harald: Tempus — Besprochene und erzählte Welt, Stuttgart 1964.

Weisgerber, Leo: Vierstufige Wortbildungslehre, in: Muttersprache 1964, S. 33 ff.

v. Weizsäcker, Carl F.: Ich-Du und Ich-Es in der heutigen Naturwissenschaft, in: Martin Buber, herausgegeben von Arthur Schlipp und Maurice Friedmann, S. 533 ff.

Wieacker, Franz: Das Sozialmodell der klassischen Privatrechtsgesetzbücher, in: Schriftenreihe der juristischen Studiengesellschaft Karlsruhe, Heft 3, Karlsruhe 1953.

— Richtermacht und privates Rechtsverhältnis, in: AöR 68 (n. F. 29/1938), S. 1 ff.

Wieland, Wolfgang: Aristoteles als Rhetoriker und die esoterischen Schriften, in: Hermes, Bd. 86 (1958), S. 323 ff.

Wolf, Erik: Personalität und Solidarität im Recht, in: Vom Recht — Hannoversche Beiträge zur politischen Bildung, Bd. 3, Hannover 1963, S. 189 ff.

— Recht des Nächsten, Frankfurt 1958.

Zeuner, Albrecht: Die objektiven Grenzen der Rechtskraft, Tübingen 1959.

Zwirner, Eberhard: Das Gespräch, in: studium generale, 4. Jg. 1951, S. 213 ff.

Printed by Libri Plureos GmbH
in Hamburg, Germany